Irène Kuhn

Découvrir la France
Frankreich entdecken

Katia reist zum ersten Mal nach Frankreich. Seit Jahren pflegt sie den Kontakt mit Pierre, ihrem Brieffreund aus Schulzeiten, der ihr schon viel über seine Heimat erzählt hat. Längst sind für sie nicht nur Baguette, Rotwein und Baskenmütze typisch französisch, doch nun möchte sie Land und Leute aus eigener Anschauung kennenlernen. In Pierre hat sie einen kundigen Begleiter, und auf ihren Touren landen sie immer wieder mitten im französischen Alltag: beim Bäcker oder auf dem Markt, an der Tankstelle oder im Restaurant. Der dialogreiche Text enthält viele gebräuchliche Sätze und Wendungen aus der Umgangssprache. Wer möchte, kann sie bei der nächsten Reise in unser westliches Nachbarland ausprobieren.

Irène Kuhn, Elsässerin, Autorin und Übersetzerin, lehrte an der Universität Straßburg und lebt heute abwechselnd in der Provence und in München. Sie hat zahlreiche Bücher verfasst oder ins Deutsche übertragen. Bei dtv erschienen: ‹Tour de France. Frankreich in kleinen Geschichten› (dtv 9510) und ‹Un tour de France pour les gourmets. Eine Frankreichreise für Feinschmecker› (dtv 9522).

Découvrir la France
Frankreich entdecken

Erzählt von Irène Kuhn

dtv

Eine Liste mit gebräuchlichen Wendungen aus dem Buch und weiteren hilfreichen Sätzen für die nächste Frankreichreise finden Sie unter https://www.dtv.de/buch/irene-kuhn-decouvrir-la-france-frankreich-entdecken-9538/
... denn wie heißt es in einem Brief von Katia: «Même les Français qui parlent une ou plusieurs langues étrangères tiennent beaucoup à ce que les touristes essayent de communiquer en français!»
Ja doch: «Selbst die Franzosen, die eine oder mehrere Fremdsprachen beherrschen, legen Wert darauf, dass die Touristen versuchen, sich auf Französisch zu verständigen.»

MIX
Papier | Fördert gute Waldnutzung
FSC® C019821

Originalausgabe 2017
5. Auflage 2025

Tumblingerstraße 21, 80337 München
produktsicherheit@dtv.de

Umschlaggestaltung: dtv
Satz: Greiner & Reichel, Köln
Druck und Bindung: Druckerei C.H.Beck, Nördlingen
Printed in Germany · ISBN 978-3-423-09538-9

Je t'aime
FRANCE
Oh là là
PARIS
11 JUL 1982
FRANCE
Bon Voyage
fromage
croissant
Bonjour
La tour Eiffel
champagne

Préface

> Le plus beau voyage,
> c'est celui qu'on n'a pas encore fait.
> Loïck Peyron

Pierre et Katia se connaissent depuis plus de dix ans. Lorsqu'ils étaient lycéens tous les deux, Pierre à Lyon, Katia à Munich, ils étaient des « correspondants » – et ils le sont toujours. Pour ses élèves de seconde le professeur d'allemand de Pierre organisait régulièrement des échanges avec l'Allemagne. C'est ainsi que Pierre a séjourné pendant quelques semaines chez Katia en Bavière. Mais Katia – qui était une élève très douée mais plutôt timide – n'a jamais rendu visite à Pierre. Adultes, les deux continuent cependant de s'écrire de temps à autre, des lettres ou des mails.

Katia a toujours été une grande lectrice et depuis quelques temps elle est fan de romans français. Mais elle est surtout fascinée par la poésie et elle a même tenté de lire Baudelaire en version originale. Ce n'est pas un exercice facile, mais il existe d'excellentes traductions allemandes. Lorsqu'elle découvre ‹ L'invitation au voyage ›, elle est comme obsédée par les deux vers récurents du poème :

« Là, tout n'est qu'ordre et beauté,
Luxe, calme et volupté. »

Et voilà qu'elle regrette de n'être jamais allée en France. Alors pourquoi ne pas se lancer dans l'aventure ? Avec l'aide de Pierre bien sûr, qui le lui a proposé tant de fois !

Vorwort

Die schönste Reise ist die,
die man noch vor sich hat.
Loïck Peyron

Pierre und Katia kennen sich seit mehr als zehn Jahren. Als sie beide noch zur Schule gingen, Pierre in Lyon, Katia in München, waren sie «Brieffreunde» – und sie sind es immer noch. Für seine Schüler der 10. Klasse organisierte Pierres Deutschlehrer regelmäßig einen Austausch mit deutschen Gymnasiasten. Und so kam es, dass Pierre ein paar Wochen bei Katia in Bayern verbrachte. Doch Katia – die eine sehr begabte, aber eher schüchterne Schülerin war – hat Pierre nie besucht. Nun sind sie erwachsen und schreiben sich nach wie vor von Zeit zu Zeit Briefe oder E-Mails.

Katia war stets eine große Leserin, und seit einiger Zeit haben es ihr die französischen Romane angetan. Vor allem aber ist sie fasziniert von Lyrik und hat sogar versucht, Baudelaire im Original zu lesen. Das ist keine leichte Übung, aber schließlich gibt es hervorragende deutsche Übersetzungen. Und als sie ‹Die Aufforderung zur Reise› entdeckt, ist sie wie besessen von den beiden wiederkehrenden Versen des Gedichts:

«Da ist alles nur Ordnung und Schönheit,
Luxus, Ruhe und Wolllust.»

Und nun tut es ihr leid, dass sie nie nach Frankreich gefahren ist. Warum also sollte sie sich nicht ins Abenteuer stürzen? Mit Pierres Hilfe natürlich, der es ihr so oft vorgeschlagen hat.

Avertissement des personnages principaux de ce petit livre

Pierre et Katia déclinent toute responsabilité quant à la traduction de leurs lettres et de leurs conversations. Celle-ci relève exclusivement de l'auteure de l'opuscule. L'allemand de Pierre est loin d'être parfait. Il en va de même du français de Katia, même si elle a fait de gros progrès au cours de ce voyage en France avec son ami. Tous deux espèrent simplement que leurs contributions auront été transcrites dans un français – ou un allemand – aussi fluides que possible !

Vorbemerkung der beiden Hauptpersonen dieses Buches

Katia und Pierre übernehmen keinerlei Verantwortung für die Übersetzungen ihrer Briefe und Gespräche. Dafür ist allein die Autorin dieses Büchleins verantwortlich. Pierres Deutsch ist keineswegs perfekt, Katias Französisch ebenso wenig, wenngleich sie im Laufe der gemeinsamen Frankreichreise große Fortschritte gemacht hat. Beide können nur hoffen, dass ihre Beiträge in ein möglichst flüssiges Französisch bzw. Deutsch übertragen wurden!

Die Autorin dankt den vielen Freunden, die ihr bei der Arbeit an diesem Buch mit Rat und Tat geholfen und immer wieder Mut zugesprochen haben. Würde sie alle aufzählen, wäre es um ein paar Seiten länger! Viele haben von ihren Erfahrungen berichtet, Franzosen mit Deutschen, Deutsche mit Franzosen. Ihr Dank gilt insbesondere Christa Hohenadl, Ghislaine und Jean-Marie Zipper, Patricia de Faria, Claire Bray und – last but not least – Beatrice Heiber, der geduldigsten aller Lektorinnen.

Les préparatifs

Qui veut voyager loin
ménage sa monture.
Jean Racine

Cher Pierre,

Ça y est, cette fois c'est décidé : au mois de juin ou de juillet j'aimerais venir passer quelques semaines avec toi. Ce voyage en France dont nous parlions déjà il y a plus de dix ans, quand nous étions encore lycéens tous les deux et que tu étais mon « correspondant » – et dont nous avons reparlé avant Noël – nous allons enfin le faire, si tu es toujours d'accord.

Mon français est loin d'être parfait, tu le sais bien ; je ne l'ai plus guère pratiqué depuis que j'ai passé mon « Abitur » à Munich, mais si tu veux bien m'aider et me guider, je ferai de gros progrès en très peu de temps. D'ailleurs je me suis inscrite à un séminaire à l'université populaire, intitulé : « Partir en vacances en France ». Il aura lieu un week-end au mois d'avril. Tu vois que je suis très motivée.

Écris-moi très vite si tu es toujours prêt à entreprendre ce voyage avec moi et quelles seraient les meilleures dates pour toi.

À bientôt !
Je t'embrasse

Katia

Die Vorbereitungen

> Wer eine weite Reise unternehmen will,
> muss sein Pferd schonen.
> Jean Racine

Lieber Pierre,

so, jetzt ist es beschlossene Sache ! Im Juni oder Juli würde ich gern ein paar Wochen mit dir verbringen. Diese Frankreichreise, von der wir schon vor über zehn Jahren gesprochen haben, als wir noch Schüler waren und du mein « Brieffreund » warst, und die wir vor Weihnachten noch einmal ins Gespräch gebracht haben – wenn du noch immer einverstanden bist, wollen wir sie jetzt endlich angehen.

Mein Französisch ist bei Weitem nicht perfekt, das weißt du ja. Ich habe es kaum mehr verwendet, seit ich in München Abitur gemacht habe, aber wenn du dabei bist und mir hilfst, werde ich in kürzester Zeit Fortschritte machen. Ich habe mich übrigens an der Volkshochschule zu einem Kurs zum Thema « Urlaub machen in Frankreich » angemeldet. Er wird an einem Wochenende im April stattfinden. Du siehst : Ich bin sehr motiviert.

Schreib mir bald möglichst, ob du noch immer bereit bist, diese Reise mit mir zu unternehmen, und wann es für dich am passendsten wäre.

Bis bald !
Ich umarme dich

Katia

Ma chère Katia

Quelle belle surprise ! Je suis ravi de ta décision, je t'avais toujours dit que j'aimerais te faire découvrir mon pays : je n'ai pas changé d'avis. Je pourrais me libérer quinze jours ou trois semaines en juin ou en juillet. Si pour toi ça n'a pas d'importance, je proposerais plutôt le mois de juin, parce qu'il y a moins de touristes sur les routes.

As-tu des préférences pour les destinations ? Pour des régions ou des lieux précis que tu aimerais voir à tout prix ? Pour un itinéraire particulier ?

Dis-moi par quel moyen de transport tu comptes venir : en train, en avion ou en voiture ? Je crois qu'il y a un TGV ou un ICE direct de Munich à Strasbourg ou même jusqu'à Paris. Mais je pourrais venir te chercher à Strasbourg. Notre voyage commencerait en Alsace où tu ne serais peut-être pas trop dépaysée, puisque je crois savoir que beaucoup d'Alsaciens parlent encore leur curieux dialecte germanique !

Et puis raconte-moi tes aventures à la Volkshochschule. Je serais curieux de savoir ce que les intervenants auront à dire sur les voyages en France et s'ils ont de bons conseils à donner à leurs étudiants !

À bientôt ma chère Katia ! Je t'embrasse

Pierre

Liebe Katia,

was für eine schöne Überraschung! Ich freue mich sehr über deine Entscheidung, ich hatte dir ja immer gesagt, dass ich dir gerne mein Land zeigen würde. Daran hat sich nichts geändert. Ich könnte mir im Juni oder im Juli vierzehn Tage oder auch drei Wochen freinehmen. Wenn es für dich keine Rolle spielt, würde ich eher den Juni vorschlagen, da sind noch nicht so viele Touristen unterwegs.

Hast du irgendwelche bevorzugte Reiseziele? Gibt es Gegenden oder bestimmte Orte, die du unbedingt sehen möchtest? Würdest du eine bestimmte Route bevorzugen?

Sag mir auch, wie du kommen möchtest: per Zug, Flugzeug oder Auto? Ich glaube, es gibt einen direkten TGV oder ICE von München nach Straßburg oder sogar nach Paris. Aber ich könnte dich tatsächlich in Straßburg abholen, dann würde unsere Reise im Elsass beginnen, wo du dich vielleicht nicht allzu fremd fühlen würdest, da noch viele Elsässer ihren komischen deutschen Dialekt sprechen, glaube ich.

Und berichte mir auch von deinem Abenteuer in der Volkshochschule. Ich würde zu gern erfahren, was die Referenten über das Reisen in Frankreich zu berichten haben und ob sie ihren Kursteilnehmern gute Ratschläge erteilen!

Bis bald, meine Liebe! Ich umarme dich

Pierre

Mon cher Pierre,

Excellente idée : nous nous retrouvons à Strasbourg et nous passons quelques jours en Alsace. Tu connais un peu la région ? Je sais qu'il y a des quantités de choses passionnantes à y découvrir : des musées, des châteaux ou des châteaux-forts, des églises ... sans parler de la merveilleuse cathédrale de Strasbourg.

Et j'ai vérifié : il y a un seul train direct par jour, mais il part très tôt. J'aimerais prendre celui de 8 heures 28 qui me ferait arriver à Strasbourg à midi 13. Le suivant n'arrive qu'à 16 heures. Est-ce que ça irait pour toi ? Je peux très bien partir un peu plus tard. De toute façon, un changement à Stuttgart ou à Mannheim ne me pose aucun problème : je ne compte pas voyager avec des tonnes de bagages ! Tu n'as peut-être pas envie de partir de Lyon aux aurores. Dans ce cas nous nous donnons rendez-vous plus tard, ailleurs qu'à la gare. J'ai une amie qui a travaillé quelques temps à Strasbourg et elle connaît sûrement un petit hôtel sympathique où nous pourrions passer une ou deux nuits avant de reprendre la route. Qu'en penses-tu ?

Je te raconterai mes aventures à la Volkshochschule dans mon prochain mail. Le séminaire commence samedi prochain. Le sujet de la manifestation est prometteur, comme fait pour moi, tu ne trouves pas ?

À bientôt !

Katia

Mein lieber Pierre,

hervorragende Idee: Wir treffen uns in Straßburg und verbringen ein paar Tage im Elsass. Kennst du die Gegend ein wenig? Ich weiß, dass es da eine Menge toller Dinge zu entdecken gibt: Museen, Schlösser bzw. Burgen, Kirchen ... und nicht zuletzt das wunderbare Straßburger Münster.

Und ich hab nachgesehen: Es gibt nur einen durchgehenden Zug, aber der fährt sehr früh ab. Ich würde gern den um 8.28 Uhr nehmen, der wäre aber schon um 12.13 Uhr in Straßburg. Der nächste kommt erst um 16 Uhr an. Wäre das für dich in Ordnung? Ich kann durchaus einen späteren Zug nehmen. Kein Problem, wenn ich in Stuttgart oder Mannheim einmal umsteigen muss, ich werde ja nicht mit Unmengen Gepäck reisen! Aber du möchtest vielleicht nicht schon im Morgengrauen in Lyon losfahren. In diesem Fall treffen wir uns später irgendwo anders. Ich habe eine Freundin, die einige Zeit in Straßburg gearbeitet hat und sicher ein nettes kleines Hotel kennt, wo wir ein, zwei Nächte verbringen könnten, ehe wir weiterfahren. Was hältst du davon?

Von meinem Volkshochschulabenteuer erzähle ich dir im nächsten Mail; der Kurs beginnt am kommenden Samstag. Das Thema der Veranstaltung ist vielversprechend, wie für mich gemacht, findest du nicht?

Bis bald!

Katia

Chère Katia,

L'idée de commencer notre voyage à Strasbourg est excellente pour toutes sortes de raisons. Entre autres parce qu'il y a très souvent des grèves en France, comme c'est le cas en ce moment à la SNCF. Et à ce propos, je te signale qu'on ne dit plus que rarement : « les cheminots (ou les fonctionnaires, les professeurs, les chauffeurs de poids lourds, les ouvriers) font grève », mais : « les cheminots sont en colère »… Je me demande pourquoi. Après tout l'expression « faire grève » est politiquement correcte ! On t'en parlera peut-être à ton séminaire et tu pourras m'apporter des explications ! En tout cas, ce serait vraiment stupide de perdre ton temps si ton train s'arrêtait quelque part dans une gare perdue de la France profonde.

Si ton amie te propose un petit hôtel sympa pas trop loin du centre (et où on peut se garer sans trop de difficultés), tu m'envoies les coordonnées et je m'occupe de la réservation, ok? Sauf si tu as envie de tester les progrès que tu auras faits au cours de ton week-end !

Mais tu n'as pas répondu à ma question : as-tu des préférences pour un itinéraire particulier, des destinations précises? Tu peux aussi choisir de me faire confiance et ce sera la surprise. Je ne suis peut-être pas un guide idéal pour de formidables découvertes touristiques, mais j'ai tout de même l'une ou l'autre idée … D'ailleurs nous pouvons aussi donner libre

Liebe Katia,

aus unterschiedlichen Gründen ist es eine sehr gute Idee, unsere Reise in Straßburg zu beginnen. Unter anderem, weil es in Frankreich sehr häufig Streiks gibt, wie derzeit bei der französischen Eisenbahn. Übrigens sagt man heutzutage immer seltener «die Eisenbahner (oder die Beamten, die Lehrer, die LKW-Fahrer, die Arbeiter) streiken», sondern «die Eisenbahner sind wütend» … Ich frag mich warum; schließlich ist der Ausdruck «streiken» durchaus *political correct*! Vielleicht wird das auch Thema sein bei deinem Seminar und du kannst mir eine Erklärung liefern! Auf jeden Fall wäre es wirklich zu blöd, wenn du deine Zeit vertrödelst, weil dein Zug irgendwo in einem Bahnhof im französischen Hinterland steckenbleibt.

Wenn deine Freundin eine Hotelempfehlung nicht allzu weit von der Stadtmitte hat (wo man aber auch ohne allzu große Schwierigkeiten einen Parkplatz findet), schick mir doch die Adresse und ich kümmere mich um die Reservierung, okay? Es sei denn, du willst testen, wie groß die Fortschritte durch deinen Wochenendkurs sind!

Aber du hast meine Frage nicht beantwortet: Bevorzugst du eine bestimmte Route, bestimmte Reiseziele? Du kannst mir natürlich auch einfach vertrauen und lässt dich überraschen. Vielleicht bin ich kein idealer Reiseleiter für tolle touristische Entdeckungen, aber ich habe doch die eine oder andere Idee … Im Übrigen können wir unserer Phantasie und unseren spontanen

cours à notre imagination ou à nos envies du moment. Je ne crois pas qu'au mois de juin nous aurons trop de difficultés à trouver des chambres d'hôtel. Tiens-moi au courant !
Grosses bises.
Pierre

P.S. Je suppose que tu ne tiens pas vraiment à dormir à l'auberge de jeunesse … Je crois qu'il y a dix ans nous aurions peut-être opté pour cette solution, mais aujourd'hui, toi et moi avons sans doute envie d'un peu plus de confort, non?

Wünschen auch freien Lauf lassen. Im Juni werden wir, glaube ich, kaum Probleme haben, Unterkünfte zu finden.
Halt mich auf dem Laufenden.
Küsschen
Pierre

P.S. Ich nehme an, dass du keinen gesteigerten Wert darauf legst, in Jugendherbergen zu übernachten … Vor zehn Jahren hätten wir uns vielleicht für diese Lösung entschieden, aber heute haben wir beide vermutlich Lust auf etwas mehr Komfort, oder?

Salut Pierre,

Voilà une chose que j'ai apprise à mon séminaire : lorsqu'on est poli, on ne dit « salut » à quelqu'un que si on le tutoie ! À part ça, je crois que j'apprendrai bien plus de choses « sur le vif » au cours de notre voyage.

Ceci dit, les cours n'étaient pas vraiment passionnants. La plupart des participants étaient de jeunes séniors, 55 ans ou plus, je ne pouvais pas leur dire simplement « salut » ! La seule chose que nous avions en commun était notre projet de passer des vacances en France. Eux aussi se préparent à partir pour la première fois dans ton pays. En revanche, le professeur (je crois que de nos jours on peut dire aussi « la professeure » – tu confirmes?) était une jeune Canadienne d'à peine 25 ans … qui n'avait jamais mis les pieds en France – incroyable, mais vrai ! – et qui avait un terrible accent canadien. Mais après tout, je suppose que nous avions tous un terrible accent allemand ! Elle nous a surtout parlé des problèmes que nous pourrions rencontrer au quotiden ; de la manière de se dire bonjour et au revoir par exemple – selon la personne que l'on salue, avec ou sans bises, même le nombre de bises semble avoir une certaine importance : deux ou trois ou quatre, tu m'expliqueras mieux ! Ou encore des règles à respecter au restaurant : comment passer une commande, demander l'addition, le problème des pourboires. Elle a beaucoup insisté sur le fait que même les Français qui parlent

Salut Pierre,

das ist z. B. etwas, was ich in meinem Seminar gelernt habe: Wenn man höflich ist, sagt man *salut* nur zu jemandem, den man duzt! Im Übrigen glaube ich, dass ich vor Ort während unserer Reise viel mehr lernen werde.

Davon abgesehen war der Kurs nicht wirklich umwerfend. Die meisten Teilnehmer waren junge Senioren, 55 und älter, zu denen konnte ich nicht einfach *salut* sagen. Das einzig Verbindende war der geplante Urlaub in Frankreich. Sie alle bereiten sich darauf vor, zum ersten Mal in dein Land zu reisen. Die Lehrerin hingegen (ich glaube, man kann heutzutage auch *la professeure* sagen … kannst du mir das bestätigen?) war eine junge Kanadierin, höchstens fünfundzwanzig, die noch nie einen Fuß nach Frankreich gesetzt hat – unglaublich, aber wahr! – und einen ungeheuren kanadischen Akzent hatte. Na ja, schließlich hatten wir ja wohl alle auch einen ungeheuren deutschen Akzent! Sie hat vor allem über die Schwierigkeiten gesprochen, mit denen wir im Alltag konfrontiert sein werden: Z. B. wie man sich begrüßt und verabschiedet, je nachdem, wen man begrüßt, mit oder ohne Küsschen; sogar die Anzahl der ausgetauschten Küsse scheint eine gewisse Bedeutung zu haben: zwei oder drei oder vier, das wirst du mir besser erklären! Oder welche Regeln man in einem Restaurant beachten sollte: Wie gibt man eine Bestellung auf, wie verlangt man die Rechnung, wie steht es mit dem Trinkgeld? Und sie hat sehr stark betont, dass selbst

une ou plusieurs langues étrangères tiennent beaucoup à ce que les touristes essayent de communiquer en français. J'ai appris un mot qui m'amuse beaucoup, le mot « baragouiner » : il paraît qu'il vaut mieux baragouiner en français que de s'exprimer dans un anglais presque parfait ! Je me demande si c'est bien vrai et si ce ne sont pas les signes d'une certaine germanophobie de la part de tes concitoyens. (« Germanophobie », un mot que j'ai entendu à plusieurs reprises au cours de ce séminaire !)

Mais je te raconterai tout ça quand nous nous verrons. Et de toute façon, on verra si je suis en mesure de me débrouiller à peu près dans ton pays. Heureusement qu'en cas de problème, tu pourras toujours m'aider !

À bientôt donc. Grosses bises (deux, trois ou quatre : tu choisis ...)
Katia

P.S. : Tu m'as demandé si j'avais des suggestions à faire pour notre itinéraire ou s'il y avait des villes ou des régions que je tenais à visiter. Eh bien non, j'ai décidé de te faire confiance. Tu choisis les destinations, tu me fais la surprise. Mais j'ai tout de même deux petites préférences : j'aimerais que nous passions quelques jours à Paris et la Provence m 'attire beaucoup.

die Franzosen, die eine oder mehrere Fremdsprachen beherrschen, Wert darauf legen, dass die Touristen versuchen, sich auf Französisch zu verständigen. Dabei habe ich ein sehr lustiges Wort gelernt, das Wort *baragouiner*, radebrechen: Es ist angeblich besser, Französisch zu radebrechen, als sich in nahezu perfektem Englisch auszudrücken! Ich frage mich, ob das wirklich stimmt und ob das nicht Zeichen einer gewissen Germanophobie von Seiten mancher deiner Landsleute sind. («Germanophobie», ein Wort, das ich in diesem Kurs mehrfach gehört habe!)

Aber ich erzähle dir das alles genauer, wenn wir uns sehen. Und überhaupt wird es sich zeigen, ob ich in der Lage bin, mich in deinem Land einigermaßen zurechtzufinden. Falls es Probleme gibt, habe ich ja immer noch dich!

Bis bald also. Grosses bises (zwei, drei oder vier Küsse – du kannst es dir aussuchen …)
Deine Katia

P.S.: Du hast mich gefragt, ob ich Vorschläge machen möchte für unsere Route oder ob es Städte und Landstriche gibt, die ich unbedingt sehen möchte. Nun, da vertraue ich ganz auf dich. Du wählst die Reiseziele aus, und das wird dann eine Überraschung für mich. Aber zwei kleine Präferenzen hätte ich doch: Ich würde gerne ein paar Tage in Paris verbringen und die Provence würde mich sehr reizen.

Salut Katia !

Non, décidément, je suis un peu vieux jeu, je préfère de loin : Ma chère Katia,

Bonne nouvelle : Corinne, une amie de ma mère, alsacienne d'origine, possède un appartement à Strasbourg qu'elle n'habite que quelques semaines dans l'année. Elle nous le prête volontiers. Nous n'avons donc pas besoin d'aller à l'hôtel et nous serons beaucoup plus libres. Nous n'aurons même pas à faire le ménage en partant. La seule contrainte : laisser 50 euros pour la femme de ménage.

Pour la suite du voyage je te ferai donc la surprise. Je ne t'en dirai pas plus aujourd'hui, je dois aller dîner avec un ami qui habite Paris. Je suis sûr qu'il me donnera des conseils judicieux pour notre séjour dans la capitale.

Je t'embrasse – et pour le nombre de bises nous nous adapterons aux usages : deux en Alsace, trois en Provence, quatre à Paris, je me demande bien pourquoi !

Pierre

P. S. : L'appartement de Corinne est situé tout près du centre historique, nous pourrons laisser la voiture au parking et faire toutes nos ballades dans la ville à pied !

Salut Katia!

Nein, ich bin offenbar etwas altmodisch, mir ist «Liebe Katia» viel lieber.

Gute Nachricht: Eine Freundin meiner Mutter, Corinne, eine gebürtige Elsässerin, besitzt eine Wohnung in Straßburg, die sie nur ein paar Wochen im Jahr bewohnt; die stellt sie uns gerne zur Verfügung. Wir brauchen also nicht ins Hotel und sind ganz unabhängig. Bei der Abreise müssen wir nicht einmal putzen, sondern nur fünfzig Euro für die Putzfrau zurücklassen.

Und was die Fortsetzung der Reise anbelangt, wird es also eine Überraschung für dich sein. Mehr wirst du heute von mir nicht erfahren, ich bin abends mit einem Pariser Freund zum Essen verabredet. Ich bin sicher, dass er mir ein paar gute Tipps für unseren Aufenthalt in der Hauptstadt geben wird.

Ich umarme dich – und was die Anzahl der Küsse angeht, werden wir uns an die Gepflogenheiten anpassen: zwei im Elsass, drei in der Provence, vier in Paris, ich weiß auch nicht, warum!

Pierre

P.S.: Corinnes Wohnung liegt ganz nah an der Altstadt; wir können das Auto stehenlassen und unsere ganzen Besichtigungstouren zu Fuß unternehmen!

Cher Pierre,

Je suis très excitée à l'idée de notre voyage et j'ai déjà commencé à préparer mes bagages. J'arriverai à Strasbourg vendredi prochain à 12 heures 13 (un seul changement à Stuttgart). J'aurais aussi pu prendre un bus, c'est nettement moins cher, mais je préfère de loin voyager en train. Pour les horaires c'est plus sûr, je crois, et c'est nettement plus confortable. Tu crois que tu pourras venir me chercher à la gare? Ce serait plus agréable pour rejoindre ensuite l'appartement de ton amie. Mais je pourrais aussi t'attendre quelque part, si jamais tu arrivais plus tard, ou prendre un taxi – à condition bien sûr que tu me donnes l'adresse exacte et que tu sois là-bas un peu avant moi.

Dis-moi si tu aimerais que je te rapporte quelque chose qu'on ne trouve qu'en Allemagne ou quelque chose de typiquement bavarois. Des saucisses blanches par exemple … autrefois tu en raffolais ! Mais sincèrement, je suis persuadée que les spécialités de Strasbourg sont bien meilleures.

À très, très bientôt,
Bises

Katia

Lieber Pierre,

Ich bin sehr aufgeregt beim Gedanken an unsere Reise und ich habe schon angefangen zu packen. Ich komme also am nächsten Freitag um 12.13 Uhr in Straßburg an (nur einmal Umsteigen in Stuttgart). Ich hätte auch einen Bus nehmen können, das wäre viel billiger, aber ich reise lieber mit dem Zug. Der ist auf jeden Fall pünktlicher, glaube ich, und auch bequemer. Meinst du, du kannst mich am Bahnhof abholen? Es wäre angenehmer, wenn wir dann gemeinsam zur Wohnung deiner Bekannten fahren könnten. Aber ich kann auch ein Taxi nehmen, du müsstest mir nur die genaue Adresse geben und schon etwas vor mir da sein.

Sag mir, ob ich dir etwas mitbringen kann, was es nur in Deutschland gibt, oder etwas typisch Bayerisches. Weißwürste zum Beispiel … früher warst du ganz verrückt danach! Aber ehrlich gesagt, bin ich überzeugt, dass die Straßburger Spezialitäten viel besser schmecken.

Bis ganz, ganz bald,
Küsschen

Katia

Le voyage

> Le véritable voyage de découverte
> ne consiste pas à chercher de nouveaux
> paysages, mais à avoir de nouveaux yeux.
> Marcel Proust

L'arrivée à Strasbourg

Katia et Pierre se sont retrouvés à Strasbourg. Pierre est venu chercher Katia à la gare. Le train n'avait pas de retard et ils se sont tout de suite reconnus puisqu'ils avaient échangé quelques photos récentes !

– Tout s'est bien passé pendant le voyage? demande Pierre après avoir fait la bise à Katia comme il se doit et l'avoir dévisagée en souriant.

– Il y avait peu de monde dans le train. J'avais une banquette pour moi toute seule. De toute façon j'avais réservé une place côté fenêtre. Et tu vois que je n'ai même pas raté la correspondance à Stuttgart, c'était ma seule inquiétude. Ah, comme je suis contente de te retrouver après tant d'années ! Tu n'as pas vraiment changé ... sauf que tu n'es plus le gamin de jadis.

– Toi non plus, tu n'as pas vraiment changé, sauf que tu es plus jolie encore qu'il y a dix ans ! Mais trêve de compliments. Tu n'es pas un peu fatiguée? Nous allons déposer nos bagages dans l'appartement, et si tu veux, tu peux te reposer

Die Reise

Die echte Entdeckungsreise ist
keine Suche nach neuen Landschaften,
sondern das Sehen mit neuen Augen.
Marcel Proust

Die Ankunft in Straßburg

Katia und Pierre haben sich in Straßburg getroffen. Pierre hat Katia am Bahnhof abgeholt. Der Zug war pünktlich und sie haben sich sofort wiedererkannt, denn sie hatten vorsorglich ein paar aktuelle Fotos ausgetauscht.

« Hat alles gut geklappt auf der Fahrt? », fragt Pierre, nachdem er Katia mit Küsschen begrüßt und sie lächelnd betrachtet hat.

« Es waren kaum Leute im Zug. Ich hatte zwei Plätze für mich allein, aber ich hatte sowieso einen Fensterplatz reserviert. Und wie du siehst, habe ich in Stuttgart auch nicht den Anschluss verpasst, das war meine einzige Sorge. Ach, ich bin so glücklich, dich nach all den Jahren wiederzusehen! Du hast dich nicht wirklich verändert … nur dass du nicht mehr der Junge von einst bist … »

« Du auch nicht, nur dass du noch viel hübscher bist als vor zehn Jahren! Aber lassen wir das mit den Komplimenten. Bist du nicht ein bisschen müde? Wir bringen unser Gepäck in die Wohnung, und wenn du magst, kannst du dich ein wenig ausruhen, bevor wir

un peu avant de partir à la découverte de la ville. Qu'en penses-tu?

– Mais Pierre, je ne suis pas une mémé ! À notre âge, un voyage de quatre heures en train, c'est comme une cure de repos. C'est toi qui as toutes les raisons d'être fatigué. Je suppose que tu as pris l'autoroute de Lyon à Strasbourg, et ce n'est sûrement pas une partie de plaisir de passer cinq heures au volant. Et en plus tu t'es levé aux aurores !

– Oui, mais te revoir sur le quai de la gare et savoir que nous allons passer trois semaines merveilleuses, chasse toute la fatigue du voyage. Alors allons déposer nos bagages et manger un petit quelque chose dans un café sympa, d'accord? Après, on avisera …

Le séjour en Alsace

Pierre n'a pas dit à Katia qu'il était déjà allé en reconnaissance dans l'appartement de Corinne. Il a tout préparé, et pour souhaiter la bienvenue à son amie d'enfance, il a même posé un petit bouquet de fleurs dans le salon. Ils trouvent donc l'immeuble sans problème et lorsque Katia découvre le lieu de leur première étape, elle est aux anges. Il y a là tout ce dont ils ont besoin : un salon, une cuisine et deux chambres. Dans l'une d'elles il y a même une étagère avec des livres, et d'un œil expert, Katia découvre immédiatement toute une bibliothèque consacrée à Strasbourg et à l'Alsace !

– C'est formidable ! Je me demande si nous aurons envie de repartir, dit-elle en riant.

auf Entdeckungstour in die Stadt gehen. Was hältst du davon?»

«Aber Pierre, ich bin doch keine Oma! In unserem Alter ist eine vierstündige Reise im Zug reine Erholung. *Du* hast eher allen Grund, müde zu sein. Ich nehme mal an, du hast die Autobahn von Lyon nach Straßburg genommen, und fünf Stunden am Steuer, das ist sicher kein Zuckerschlecken. Und dazu noch das Aufstehen in aller Herrgottsfrühe.»

«Ja, vielleicht, aber dich hier auf dem Bahnsteig wiederzusehen und zu wissen, dass drei wunderbare Wochen vor uns liegen, macht die ganze Erschöpfung der Fahrt wett. Bringen wir also unser Gepäck weg und gehen dann in einem netten Café eine Kleinigkeit essen, einverstanden? Und dann sehen wir weiter ...»

Der Aufenthalt im Elsass

Pierre hat Katia nicht gesagt, dass er Corinnes Wohnung schon besichtigt hat. Er hat alles vorbereitet, um die Freundin aus Jugendzeiten willkommen zu heißen, er hat sogar einen kleinen Blumenstrauß im Wohnzimmer aufgestellt. Also finden sie das Haus problemlos, und als Katia die Unterkunft ihrer ersten Reiseetappe in Augenschein nimmt, ist sie ganz selig. Da ist alles, was sie brauchen: ein Wohnzimmer, eine Küche und zwei Schlafzimmer. In einem der beiden gibt es sogar ein Bücherregal, und mit Expertenauge entdeckt Katia sofort eine ganze Bibliothek, die Straßburg und dem Elsass gewidmet ist!

«Herrlich! Ich frage mich, ob wir da je weiterreisen wollen», erklärt sie lachend.

Après avoir inspecté les lieux, ils vont aller se mettre quelque chose sous la dent. Après tout, la journée a commencé tôt, surtout pour Pierre.

Ils n'ont même pas eu à faire le tour du quartier pour trouver un café sympa avec des tables en terrasse. Au coin de la rue ils ont découvert ce qu'ils cherchaient. Sans hésitation ils ont opté pour les spécialités de la région : une tarte à l'oignon pour Pierre, une quiche lorraine accompagnée d'une salade pour Katia.

– Tu prendras un verre de vin d'Alsace ?

– Je crois que je préfère attendre ce soir pour ce genre de plaisir, sinon je risque de ne plus avoir la tête assez claire pour comprendre la langue que j'aimerais apprendre un peu mieux au cours de ce voyage, ni l'œil assez vif pour apprécier les merveilles architecturales de Strasbourg !

Au cours de ce premier petit repas en tête à tête, Pierre et Katia mettent au point un programme pour leur séjour en Alsace. Que vont-ils entreprendre tous les deux dans les jours qui viennent ? Quels sont leurs goûts, leurs envies ? Après tout, ils ne se sont pas côtoyés depuis fort longtemps ; ils s'écrivaient bien de temps en temps : une carte de vœux pour le Nouvel An ou pour leurs anniversaires respectifs. Mais au fond, ils ne savent que très peu de choses l'un de l'autre. Alors tout n'est pas gagné …

– Nous allons évidemment commencer par nous promener dans la vieille ville et visiter la cathédrale, suggère Katia. Après il sera toujours temps de courir les musées. J'espère que tu n'as rien contre les musées ? Je me suis renseignée, j'ai consulté toutes

Nachdem sie alles erkundet haben, machen sie sich auf den Weg, um etwas zu essen aufzutreiben. Schließlich hat der Tag schon früh begonnen, vor allem für Pierre.

Sie mussten noch nicht mal lange durch das Viertel streifen, um ein hübsches Café mit Tischen draußen im Freien ausfindig zu machen; gleich um die Ecke haben sie entdeckt, was sie suchten. Ohne zu zögern haben sie sich für die Spezialitäten der Region entschieden: Zwiebelkuchen für Pierre, Quiche Lorraine mit Salat für Katia.

«Trinkst du ein Glas Elsässer Wein dazu?»

«Ich glaube, mit solchen Genüssen warte ich lieber bis heute Abend, sonst ist mein Kopf nicht mehr klar genug, um die Sprache zu verstehen, die ich doch während der Reise etwas besser lernen möchte, und das Auge nicht mehr scharf genug, um die architektonischen Wunder von Straßburg zu genießen!»

Während ihrer ersten gemeinsamen Mahlzeit erstellen Pierre und Katia ein Programm für ihren Elsassaufenthalt. Was werden sie beide in den kommenden Tagen unternehmen? Wofür interessieren sie sich, worauf haben sie Lust? Schließlich sind sie sich ja so lange nicht begegnet; zwar haben sie sich hin und wieder geschrieben, eine Neujahrskarte oder Glückwünsche zum jeweiligen Geburtstag. Aber im Grunde wissen sie nur wenig voneinander. Es wird bestimmt nicht immer einfach sein.

«Natürlich werden wir mit einem Spaziergang durch die Altstadt beginnen und das Münster besichtigen», schlägt Katia vor. «Danach können wir immer noch die Museen abklappern. Ich hoffe, du hast nichts gegen Museen? Ich habe mich erkundigt und alle möglichen

sortes de guides touristiques et j'ai vu qu'il y en a une bonne dizaine rien qu'à Strasbourg.

– Non, je n'ai rien contre les musées, au contraire. À condition bien sûr de ne pas les visiter tous et pas dès le premier jour. Si tu veux tous les voir en détail, notre petit tour de France est compromis !

– Je te promets que ce ne sera pas le marathon des musées ! À Paris non plus d'ailleurs, si c'est là que tu vas m'emmener; tu ne m'as pas encore dévoilé tes projets. Mais il y en a quatre à Strasbourg que j'aimerais voir : le musée de l'Œuvre Notre-Dame – consacré à l'histoire de la cathédrale, mais aussi à l'art médiéval et à la Renaissance –, le Musée alsacien où nous pourrons étudier l'histoire de l'Alsace à travers les arts et les traditions populaires de cette région, le Musée d'art moderne et contemporain – le plus récent des musées de la ville, intéressant notamment pour son architecture – et enfin l'incontournable musée Tomi Ungerer !

– Incontournable? Pourquoi? Je n'ai aucune idée !

– Oh, c'est donc vrai? On m'a toujours dit que ce dessinateur de génie est beaucoup plus connu en Allemagne qu'en France ! Et pourtant Tomi Ungerer est né à Strasbourg et a passé toute son enfance en Alsace, avant de se faire un nom aux États-Unis, surtout dans le domaine de la publicité. Il a publié toute une série de livres d'enfants – je suis persuadée que tu en as lu au moins un quand tu étais gamin, ‹Les trois brigands› –, mais il s'est surtout

Reiseführer gewälzt und dabei festgestellt, dass es allein in Straßburg mehr als zehn Museen gibt.»

«Nein, ich hab nichts gegen Museen, ganz im Gegenteil. Vorausgesetzt natürlich, wir besichtigen sie nicht alle und vielleicht nicht gleich am ersten Tag. Wenn du alles ausführlich ansehen möchtest, können wir unsere Frankreichtour abschreiben.»

«Ich verspreche dir, keinen Museumsmarathon zu veranstalten! Auch in Paris nicht, falls Paris auf dem Programm steht; deine Pläne hast du mir ja noch nicht verraten. Aber vier davon würde ich mir gerne ansehen: das Musée de l'Œuvre Notre-Dame, das der Geschichte des Münsters, aber auch der Kunst des Mittelalters und der Renaissance gewidmet ist, das Elsässische Museum, wo wir uns mit der Geschichte des Elsass' anhand der Volkskunst und der Geschichte der Traditionen der Region vertraut machen können, dann das Museum für moderne und zeitgenössische Kunst – das jüngste Museum der Stadt, das unter anderem wegen seiner Architektur interessant ist – und schließlich das Tomi-Ungerer-Museum, ein absolutes Muss!»

«Ein absolutes Muss? Wieso? Entschuldige, ich habe keine Ahnung ...»

«Ah, das stimmt also? Man hat mir schon immer gesagt, dass dieser geniale Zeichner in Deutschland viel bekannter ist als in Frankreich! Dabei ist Tomi Ungerer in Straßburg geboren und hat seine gesamte Kindheit im Elsass verbracht, ehe er sich in den USA einen Namen gemacht hat, vor allem als Werbezeichner. Er hat auch eine ganze Reihe von Kinderbüchern veröffentlicht – ich bin überzeugt, dass du als Kind zumindest ‹Die drei Räuber› gelesen hast –, aber bekannt wurde er vor allem für seine

fait connaître dans les années 80 pour ses dessins érotiques. Je suis presque certaine qu'au moins cet aspect de son œuvre t'intéressera … ou t'amusera.

– D'accord pour le programme culturel ! Mais tu sais que le patrimoine de l'Alsace ne se réduit pas aux églises et aux musées … L'Alsace produit des vins extraordinaires et sa gastronomie est remarquable !

À la découverte de Strasbourg : La cathédrale

– Je te propose de faire un petit tour à pied en direction de la cathédrale et ensuite de la fameuse Petite France. D'accord ?

– Bien sûr, répond Katia. Tu crois que nous la trouverons si nous n'avons pas de plan de la ville ?

– Je crois que nous ne pouvons pas vraiment nous perdre. Nous ne sommes pas loin du centre historique de la ville, et on tombe toujours sur un carrefour où l'on voit la cathédrale. Et puis nous achèterons un plan dès que possible.

Ils commencent par longer une grande avenue bordée de platanes, et peu après se retrouvent sur les quais d'une rivière aux rivages verdoyants. C'est l'Ill bien sûr, ou du moins un bras de l'Ill. Car le centre de Strasbourg est situé sur une sorte d'île délimitée par les deux bras de cette rivière qui, un peu plus loin vers le nord-est, va se jeter dans le Rhin.

– Regarde cette église en grès rose : c'est assez imposant, mais il y a deux tours : ce n'est pas la cathédrale !

erotischen Zeichnungen in den achtziger Jahren. Ganz sicher wird dich zumindest diese Seite seines Werks interessieren … oder amüsieren. »

« Einverstanden, was das Kulturprogramm angeht ! Aber du weißt schon, dass sich das Kulturerbe des Elsass' nicht auf Kirchen und Museen beschränkt … Das Elsass produziert außerordentliche Weine und die Gastronomie ist nicht zu verachten ! »

Die Entdeckung von Straßburg : das Münster

« Ich schlage vor, dass wir eine kleine Runde zu Fuß drehen, Richtung Münster und dann in die berühmte Petite France. Einverstanden ? »

« Klar », antwortet Katia. « Glaubst du, dass wir es ohne Stadtplan finden ? »

« Ich glaube nicht, dass wir uns wirklich verirren könnten. Wir sind hier nicht weit vom historischen Zentrum der Stadt, und irgendwo trifft man immer auf eine Kreuzung, von wo aus man das Münster sieht. Und wir kaufen uns so schnell wie möglich einen Stadtplan. »

Zunächst gehen sie eine breite, von Platanen gesäumte Straße entlang und befinden sich wenig später am grünen Ufer eines Flusses. Die Ill, natürlich, oder zumindest ein Arm der Ill. Denn das Zentrum von Straßburg liegt auf einer Art Insel, die von den beiden Armen der Ill gebildet wird, jenem Fluss, der etwas weiter nordöstlich in den Rhein fließt.

« Schau mal da, diese Kirche aus rosa Sandstein. Ziemlich imposant, aber die hat zwei Türme. Das kann nicht das Münster sein ! »

– Mais non, tu vois bien que c'est un édifice néo-gothique. Je crois qu'il y en a d'autres dans la région. Sans doute a-t-on voulu immiter le style architectural de la cathédrale à l'époque où la ville s'est beaucoup agrandie, vers la fin du XIXe siècle, quand l'Alsace faisait partie de l'empire allemand.

Après une petite demi heure de promenade, Pierre et Katia atteignent leur but. Sur la place de la Cathédrale, les touristes se bousculent. Les uns agitent leurs téléphones portables pour prendre des photos ou faire des selfies, d'autres s'agglutinent autour des marchands de souvenirs qui sont légions sur cette place, et d'autres encore font la queue devant l'unique portail par lequel on peut pénétrer à l'intérieur de l'édifice. Sans discuter, Pierre et Katia se postent au bout de la file. Dix minutes d'attente, ce n'est pas trop long. À l'entrée, des vigiles contrôlent les sacs des visiteurs. Depuis la vague d'attentats terroristes, les lieux de culte sont particulièrement surveillés.

– Une amie m'a raconté qu'un jour où elle est venue se recueillir ici, la cathédrale a été évacuée à cause d'une alerte à la bombe, explique Pierre. Très vite les policiers ont vu qu'il s'agissait simplement d'un sac qu'un touriste avait oublié dans les bancs, mais on ne sait jamais !

– Après tout c'est plutôt rassurant. Mais quel édifice grandiose ! s'exclame Katia à voix basse lorqu'ils sont enfin entrés.

Malgré la foule des visiteurs et des curieux, elle est gagnée par l'émotion. Elle commence par s'asseoir sur un banc pour se recueillir et se plonger dans

« Natürlich nicht, man kann doch gut sehen, dass es ein neugotisches Bauwerk ist. Meines Wissens gibt es noch weitere hier in der Gegend. Vermutlich hat man den architektonischen Stil des Münsters nachahmen wollen, in jener Zeit, als die Stadt sich gegen Ende des 19. Jahrhunderts sehr vergrößert hat, damals als das Elsass Teil des deutschen Kaiserreichs war. »

Nach einer knappen halben Stunde haben Pierre und Katia ihr Ziel erreicht. Auf dem Münsterplatz tummeln sich massenweise Touristen. Die einen fuhrwerken mit ihren Handys herum, um Fotos oder Selfies zu machen, andere drängeln sich um die Souvenirläden, von denen es auf dem Platz nur so wimmelt, wieder andere stehen Schlange vor dem einzigen Portal, an dem man eingelassen wird. Ohne zu diskutieren reihen sich Katia und Pierre in die Schlange ein. Zehn Minuten Wartezeit etwa, das ist nicht allzu lange. Am Eingang stehen Wachposten und kontrollieren die Taschen der Besucher. Seit der Welle von terroristischen Anschlägen werden Kultstätten besonders überwacht.

« Eine Freundin hat mir erzählt, dass das Münster wegen Bombenalarm evakuiert wurde, als sie einmal zur Andacht in die Kirche kam », erklärt Pierre. « Bald schon hat die Polizei erkannt, dass es sich nur um eine Tasche handelte, die ein Tourist in den Bänken vergessen hatte, aber man kann nie wissen ! »

« Das ist ja eher beruhigend. Aber was für ein Bauwerk ! », ruft Katia leise, als sie endlich in das Kircheninnere eingetreten sind.

Trotz der Masse von Besuchern und Neugierigen fühlt sie sich zutiefst berührt und setzt sich zunächst einmal in eine Bank, um sich zu sammeln und in die besondere At-

l'atmosphère si particulière de ce lieu. Pierre respecte son émotion et s'installe auprès d'elle, en silence. Mais la foule de touristes est malheureusement trop bruyante. Au bout d'un moment, ils se lèvent pour faire lentement le tour de la nef. Ils s'arrêtent devant les chapelles latérales, puis devant le maître-autel, et toujours il faut veiller à ne pas trop se faire bousculer par la foule. Puis ils parviennent dans le transept sud où se trouvent la célèbre horloge astronomique et le pilier des anges. Mais là encore, il y a beaucoup trop de monde pour s'imprégner de toutes ces merveilles !

D'un commun accord, il décident de monter sur la tour pour jouir de la vue extraordinaire que, par beau temps, on a de là haut. Ils sont un peu essoufflés quand ils atteignent la plate-forme après avoir grimpé les trois-cent-trente-deux marches d'un escalier en colimaçon assez étroit, mais il sont jeunes et se remettent vite de cet effort, d'autant plus que le panorama est grandiose : une vue à 360° ou presque sur la plaine d'Alsace, les Vosges, la vallée du Rhin, les versants de la Forêt-Noire.

– C'est époustouflant ! s'écrie Katia. On croit pouvoir s'envoler !

– Ne fais pas de bêtises, répond Pierre d'un ton plus prosaïque. Il vaut mieux garder les pieds sur terre ! Redescendons et promenons-nous encore un peu dans les vieux quartiers.

– Ne te moque pas de moi ! Laisse-moi au moins le temps de profiter du spectacle. De là-haut tout est beau. Vue d'ici, même l'architecture des années 70 avec ces vilaines tours en béton en bordure de la ville ne dérange pas.

mosphäre des Ortes einzutauchen. Pierre respektiert ihre Ergriffenheit und setzt sich still neben sie. Aber die Masse der Touristen ist leider viel zu laut; nach einer Weile stehen sie auf und machen langsam die Runde um das Hauptschiff. Sie bleiben vor den Seitenkapellen stehen, dann vor dem Hauptaltar und müssen darauf achten, dass sie nicht ständig angerempelt werden. Dann gelangen sie in das südliche Querschiff, wo sich die berühmte astronomische Uhr und der Engelspfeiler befinden. Aber auch da sind viel zu viele Menschen, um sich diesem großartigen Anblick wirklich hinzugeben.

Einvernehmlich beschließen sie, auf den Turm zu steigen, um den grandiosen Ausblick zu genießen, den man bei schönem Wetter von dort oben hat. Sie sind etwas außer Atem, als sie nach dreihundertzweiunddreißig Stufen einer ziemlich engen Wendeltreppe oben ankommen, aber sie sind jung und erholen sich schnell von der Anstrengung, zumal der Ausblick wirklich grandios ist, ein nahezu Rundumblick über die elsässische Ebene, die Vogesen, das Rheintal, die Abhänge des Schwarzwalds.

« Das ist ja atemberaubend ! », ruft Katia. « Man glaubt, man könne davonfliegen ! »

« Mach nur keine Dummheiten », antwortet Pierre in prosaischerem Ton. « Bleib lieber mit beiden Füßen auf festem Boden. Komm, gehen wir wieder runter und wandern noch ein wenig durch die alten Stadtviertel. »

« Mach dich nicht lustig über mich. Lass mir wenigstens etwas Zeit, um den Blick zu genießen. Vor hier oben ist alles so schön. Sogar die Architektur der siebziger Jahre mit diesen scheußlichen Betontürmen am Rande der Stadt stört nicht. »

– Et vu d'ici, justement, on comprend pourquoi nous parlons toujours de « la ligne bleue des Vosges » ! Je me demande d'ailleurs d'où vient cette expression, parce que le massif de la Forêt-Noire est de la même couleur.

Ils vérifieront plus tard l'origine de cette expression, ce n'est pas le moment.

De retour sur la place ils s'arrêtent pour contempler longuement l'imposant portail sud de la façade occidentale, ce fameux portail où se présentent d'un côté les vierges sages et de l'autre les vierges folles.

– Tu as déjà choisi ton côté? demande Pierre d'un ton moqueur.

– Et toi? Quel côté préfères-tu? réplique Katia en riant. Je prendrai ma décision en fonction de tes préférences à toi !

Un peu plus loin ils découvrent la vitrine du syndicat d'initiative de la ville. Voilà qui pourrait être bien utile. Ils s'y rendent immédiatement pour y récupérer non seulement un plan détaillé de la ville, mais aussi toutes sortes de dépliants présentant les destinations touristiques incontournables d'Alsace.

Le Petite France ou quartier des tanneurs

Avant de poursuivre leur flânerie en direction de la Petite France, ils vont prendre un café pour étudier tranquillement leurs prospectus. Dans l'un d'eux, ils lisent que le quartier le plus ancien de la ville est classé au Patrimoine mondial de l'Humanité depuis 1988. Ils découvrent que c'était autrefois le quartier des tanneurs,

«Und von hier oben gesehen versteht man, warum wir von der ‹blauen Linie der Vogesen› sprechen. Ich frage mich übrigens, woher dieser Ausdruck stammt, denn der Schwarzwald hat die gleiche Farbe.»

Den Ursprung dieses Ausdrucks werden sie später prüfen, das ist jetzt nicht der passende Moment.

Als sie wieder auf dem Münsterplatz angekommen sind, bleiben sie noch eine ganze Weile vor dem rechten Portal der Westfassade stehen, dem Portal mit den weisen Jungfrauen auf der einen Seite und den törichten auf der anderen.

«Hast du deine Seite schon ausgewählt?», fragt Pierre spöttisch.

«Und du? Welche ist dir lieber?», erwidert Katia und lacht. «Ich entscheide mich je nachdem, was dir lieber ist!»

Ganz in der Nähe entdecken sie dann das Schaufenster der Touristeninformation. Das könnte doch ganz nützlich sein. Natürlich gehen sie sofort hin, um sich einen vernünftigen Stadtplan zu besorgen, aber auch allerlei Prospekte, die für die unumgänglichen touristischen Ziele im Elsass werben.

La Petite France, auch Gerberviertel genannt

Ehe sie ihren Spaziergang in Richtung Petite France fortsetzen, gehen sie einen Kaffee trinken, um in aller Ruhe die Prospekte durchzublättern. In einem lesen sie, dass das älteste Viertel der Stadt 1988 zum Weltkulturerbe ernannt wurde. Und entdecken, dass es einst das Viertel der Gerber, der Fischer und der Müller war, all der Be-

des pêcheurs et des meuniers : tous ces corps de métiers pour lesquels la proximité de l'eau était essentielle.

Ils découvrent aussi une information qui les amuse : en réalité, le quartier tient son nom de « l'hospice des vérolés » qui avait été construit là dans les dernières années du XVe siècle pour les soldats qui s'étaient engagés aux côtés du roi Charles VIII, et qui, au retour de la campagne d'Italie, étaient atteints de ce que l'on appelait alors le « mal français » : la petite vérole, ou syphilis – d'où le nom du quartier.

– On se demande ce qui, en 1494, a bien pu motiver ces soldats alsaciens, donc allemands, pour aller combattre aux côtés du roi de France. Une façon de faire du tourisme pour découvrir l'Italie ?

– Ma foi oui ! Et surtout le charme des dames italiennes ! Apparemment cela ne leur a pas toujours réussi, répond Katia en riant.

– Allons-y ! Voyons un peu si ce quartier est aussi pittoresque que les photos semblent nous le suggérer.

À la recherche d'un restaurant

Après une longue flânerie dans les ruelles et sur les ponts de la Petite France, où Pierre et Katia ont découvert le charme des vieilles maisons à colombage et des Ponts Couverts, ils constatent qu'ils ont une petite faim. En effet, il est déjà sept heures passé – une heure à laquelle beaucoup d'Allemands terminent leur dîner.

– Veux-tu que nous rentrions nous changer ?

rufssparten, für die die Nähe zum Wasser unerlässlich war.

Aber sie entdecken auch eine Information, über die sie sich amüsieren. In Wirklichkeit stammt der Name des Viertels von dem Lazarett für Geschlechtskranke, das hier in den letzten Jahren des 15. Jahrhunderts gebaut worden war, um die elsässischen Soldaten aufzunehmen, die für den französischen König Karl VIII. in den Italienkrieg gezogen und mit der sogenannten Franzosenkrankheit zurückgekehrt waren: der Syphilis – daher der Name.

« Man fragt sich, was im Jahre 1494 diese elsässischen Soldaten – die ja Deutsche waren – dazu getrieben hat, für den König von Frankreich zu kämpfen. War das eine Art von Tourismus, wollten sie Italien entdecken? »

« Na ja, womöglich! Und vor allem den Charme der Italienerinnen! Offenbar ist das für sie nicht immer gut ausgegangen », antwortet Katia lachend.

« Also los! Sehen wir mal, ob dieses Viertel so malerisch ist, wie die Fotos im Prospekt es uns weismachen wollen. »

Auf der Suche nach einem Restaurant

Nach einem langen Spaziergang durch die engen Gassen und über die Brücken der Petite France, wo Pierre und Katia sich von dem besonderen Charme der alten Fachwerkhäuser und der Gedeckten Brücken haben verzaubern lassen, bemerken sie, dass sie nun etwas Hunger haben. Inzwischen ist es schon nach sieben, eine Tageszeit also, zu der viele Deutsche ihr Abendessen bereits beenden.

« Magst du zurück in unsere Wohnung, damit wir uns

Ou tu préfères que nous allions un peu au hasard découvrir un restaurant de la vieille ville?

– Comme tu veux ! Mais ce sera peut-être plus facile de trouver un restaurant un peu original dans ce quartier-ci. Je suppose que tu n'as pas consulté le guide Michelin?

– Non, pas vraiment. Mais souviens-toi : nous sommes dans l'ancien quartier des tanneurs, et tout à l'heure nous sommes passés devant un bâtiment superbe : la Maison des Tanneurs, « Gerwerstub » en alsacien. J'ai surtout admiré la façade mais il me semble bien que c'est un restaurant. Si tu permets, je jette un œil sur mon smartphone …

– Si tu veux je peux essayer sur le mien. Mais vas-y.

Très vite, Pierre trouve le site internet de la maison et le survole.

– Oh, décidément, je crois que nous avons de la chance ! Le bâtiment est classé monument historique depuis 1927 et c'est un retaurant depuis 1949 – « un restaurant strasbourgeois emblématique », dit le site. Cuisine typiquement alsacienne. Tu n'as rien contre la choucroute et le foie gras? Il y a même une terrasse qui donne sur l'Ill. Jours de fermeture : dimanche et lundi, donc c'est bon. On y va?

– Allons voir s'ils ont encore une table pour nous. Foie gras et choucroute … ce sera peut-être un peu riche en calories pour le premier soir, et ce n'est pas vraiment la saison de la choucroute, mais il faut bien fêter nos retrouvailles ! Peut-être proposent-ils même un menu? Tu crois qu'il existe des desserts typiquement alsaciens?

umziehen? Oder sollen wir lieber auf gut Glück ein Restaurant in der Altstadt suchen?»

«Wie du willst! Aber vielleicht wird es leichter sein, hier in diesem Viertel ein etwas originelles Restaurant ausfindig zu machen. Ich nehme an, du hast nicht vorher schon im Michelinführer nachgeschaut, oder?»

«Nein, nicht wirklich. Aber erinnere dich: Wir sind hier im ehemaligen Gerberviertel, und vorhin sind wir an einem tollen Gebäude vorbeimarschiert: ‹La Maison des Tanneurs›, auf Elsässisch ‹Gerwerstub›. Ich habe vor allem die Fassade bewundert, aber es war wohl ein Restaurant. Soll ich mal einen Blick auf mein Smartphone werfen?»

«Wenn du möchtest, kann ich es auch auf meinem versuchen. Aber mach nur.»

Sofort findet Pierre die Webseite des Gasthauses und überfliegt sie.

«Oh! Ich glaube, wir haben Glück! Das Haus steht seit 1927 unter Denkmalschutz und ist seit 1949 ein Restaurant – ‹ein symbolträchtiges Straßburger Restaurant› steht auf der Webseite. Typisch elsässische Küche. Du hast doch nichts gegen elsässisches Sauerkraut oder gegen Gänseleberpastete, oder? Es gibt sogar eine Terrasse über der Ill. Sonntags und montags geschlossen, also ist heute geöffnet. Versuchen wir's?»

«Ja, schauen wir, ob sie noch einen Tisch für uns haben. Gänseleber und Sauerkraut … das wird vielleicht etwas kalorienreich für den ersten Abend, außerdem ist jetzt nicht gerade die passende Jahreszeit für Sauerkraut, aber unsere Wiederbegegnung müssen wir feiern! Vielleicht bieten sie ja auch ein Dreigängemenü an? Meinst du, es gibt auch typisch elsässische Desserts?»

– Oh sûrement, répond Pierre. Je me souviens avoir un jour mangé un kouglof glacé dans un restaurant alsacien à Paris. Tu connais le kouglof glacé ?

– Bien sûr que non. Mais je connais le kouglof qu'on mange un peu partout dans le sud de l'Allemagne aussi. Je suppose que c'est du kouglof avec de la glace, non ?

– Pas du tout, c'est une glace ... à la vanille je crois, mais je n'en suis pas sûr. La glace a la forme d'un petit kouglof, le tout est nappé de coulis de framboise ou de fraise et de crème chantilly ... et d'un alcool de fruits alsacien bien sûr. Ils appellent ça schnaps, si je me souviens bien.

Katia éclate de rire !

– Bien sûr que c'est du schnaps. C'est le mot allemand pour les alcools de fruits et les marcs.

Les voilà arrivés à la Maison des Tanneurs, et ils ont de la chance : il reste une table en terrasse pour deux. Ils s'installent, tout joyeux d'avoir fait ce choix.

– Mmmm ! Ça sent bon ! Je suis vraiment curieuse de découvrir la carte.

Et ils passent une soirée merveilleuse. Non seulement ils se régalent, mais la bonne humeur est au rendez-vous : ils sont tous les deux très détendus, et ils ont tant de choses à se raconter après toutes ces années ! Oh non, ce n'est pas un dîner « à l'allemande » où l'on discute philosophie et politique en oubliant complètement ce qu'on a dans l'assiette, sous prétexte de prouver à l'autre qu'on est intelligent et cultivé ! Pierre et Katia sont tout simple-

«Ja sicher», antwortet Pierre. «Ich erinnere mich, dass ich einmal in einem elsässischen Restaurant in Paris einen *kouglof glacé* gegessen habe. Kennst du das?»

«Natürlich nicht. Aber ich kenne den Gugelhupf, den es auch überall im Süden Deutschlands gibt. Ich nehme also an, es handelt sich um ein Stück Gugelhupf mit Eis, oder?»

«Ganz und gar nicht, es ist Eis … Vanilleeis, glaube ich, aber ganz sicher bin ich nicht. Das Eis hat die Form eines kleinen Gugelhupfs und wird mit Himbeer- oder Erdbeercoulis und Schlagsahne serviert … und natürlich auch mit einem elsässischen Obstbrand. Die Elsässer nennen das Schnaps, wenn ich mich recht erinnere.»

Katia lacht laut auf.

«Natürlich ist das Schnaps. Das ist doch das deutsche Wort für Obst- und Tresterbrände.»

Nun sind sie an der Maison des Tanneurs angekommen, und sie haben Glück: Es gibt noch einen Zweiertisch auf der Terrasse. Sie nehmen Platz und sind sehr froh, dass sie diese Entscheidung getroffen haben.

«Mmmm! Es riecht gut! Ich bin wirklich neugierig auf die Speisekarte.»

Die beiden verbringen einen wunderbaren Abend. Nicht nur, dass es ihnen schmeckt, die gute Laune trägt auch dazu bei: Beide sind sie sehr entspannt, und es gibt doch so viel zu erzählen nach all den Jahren! Oh nein, das ist kein Abendessen *à l'allemande*, wo man über Philosophie und Politik streitet und völlig vergisst, was man auf dem Teller hat, weil jeder dem anderen beweisen will, wie klug und gebildet er ist! Pierre und Katia sind einfach glücklich, miteinander zu plaudern, als hätten sie sich erst ges-

ment heureux de se parler comme s'ils s'étaient vus la veille. Pas de barrière, pas de tension, pas de gêne.

– Eh bien voilà qui est prometteur pour la suite de notre voyage, tu ne trouves pas?

Katia est bien de cet avis aussi, mais après ce repas aussi délicieux que copieux – entrée, plat, dessert, le tout en quantités alsaciennes –, arrosé d'un riesling d'Alsace qu'elle a beaucoup aimé, elle commence à se sentir un peu fatiguée.

– Si nous demandions l'addition? Tu veux bien?

– Tu es sûre que tu ne veux pas prendre un petit digestif?

– Si c'est un pastis que tu veux me proposer, la réponse est non ! Tu m'initieras à cette boisson quand nous serons en Provence … parce que je suppose que tu vas me conduire en Provence?

– Nous verrons … Je ne vais pas te dévoiler tous mes projets le premier jour. Mais je te signale que le pastis n'est pas un digestif, mais un apéritif. Un petit verre de Gewürztraminer peut-être? Je crois savoir que les Allemands aiment bien continuer de boire du vin après les repas !

– Écoute, Pierre, nous allons sûrement passer encore quelques jours en Alsace, et tu auras le temps de me faire goûter tous les bons vins de cette région, répond Katia, mais là je n'en peux plus.

– D'accord, je vois que tu es une femme raisonnable, et demain est un autre jour, comme disent les Français !

Pierre fait signe au serveur.

– Garçon ! L'additon s'il-vous plaît !

tern gesehen. Es gibt keinerlei Hemmungen, keine Spannungen, keinerlei Befangenheit.

« Das ist doch vielversprechend für die Fortsetzung unserer Reise, findest du nicht? »

Katia ist ganz dieser Meinung, aber nach diesem Essen, das ebenso köstlich wie üppig war – Vorspeise, Hauptspeise, Nachtisch, alles in typisch elsässischen Portionen – und von einem Elsässer Riesling begleitet wurde, den sie sehr köstlich fand, fühlt sie sich allmählich etwas müde.

« Wollen wir um die Rechnung bitten? Wärst du einverstanden? »

« Bist du sicher, dass du nicht noch einen kleinen Digestif möchtest? »

« Wenn du mir jetzt einen Pastis anbieten willst, dann lautet die Antwort: Nein! Da wirst du mich in der Provence einweihen, denn ich nehme einmal an, dass unsere Tour auch in die Provence führen wird, oder? »

« Mal sehen ... Ich werde dir nicht alle Pläne gleich am ersten Abend verraten. Aber ich mache dich darauf aufmerksam, dass Pastis ein Aperitif ist, kein Digestif. Ein Gläschen Gewürztraminer vielleicht? Es heißt doch, dass die Deutschen nach dem Essen gerne noch weitertrinken! »

« Hör mal, Pierre, wir werden sicher noch ein paar Tage im Elsass verbringen und es wird genügend Gelegenheiten geben, alle guten Weine der Region zu probieren », antwortet Katia. « Ich kann nicht mehr. »

« Also einverstanden, ich sehe, du bist eine vernünftige Frau. Und morgen ist ein anderer Tag, wie die Franzosen zu sagen pflegen! »

Pierre gibt dem Kellner ein Zeichen.

« Herr Ober! Die Rechnung bitte! »

Timidement, Katia essaye d'intervenir :

– Nous n'avons pas encore abordé ce sujet délicat … Mais je pense que là aussi nous allons nous entendre. On ne va pas avoir des discussions tout au long de notre périple pour savoir qui paye. Je propose que nous mettions en place une sorte de caisse commune. D'accord?

– C'est une excellente idée. Chacun dépose la même somme dans un porte-monnaie commun, ça simplifie en effet les choses. Et pour les paiements par carte bancaire, nous les inscrirons dans un carnet. Mais accorde-moi une petite exception : pour nos retrouvailles ce soir, c'est moi qui t'invite !

– Eh bien, merci Pierre … mais je te revaudrai ça le dernier soir, d'accord?

Le serveur s'approche et tout naturellement tend l'addition à Pierre : tout comme en Allemagne et ailleurs, c'est généralement l'homme qui paye, c'est l'usage, même si l'émancipation de la femme a fait son chemin de part et d'autre du Rhin !

L'addition, que les Français appellent parfois « la douloureuse », n'est pas particulièrement salée ce soir, et comme convenu, c'est Pierre qui la règle. Avant de se lever, Katia lui souffle :

– Qu'en est-il du pourboire en France? C'est vrai, ce qu'a dit notre prof canadienne : on arrondit vers le haut d'environ dix pour cents? Il était si attentif, si gentil, ce serveur …

– Oh ! Il t'a tapé dans l'œil ! Je vois que tu aimes les grands bruns au sourire engageant ! Mais oui, elle a tout à fait raison, ta Canadienne. Non non, ne t'inquiète pas, c'est fait. Mais dis-moi plutôt : tu

Etwas zögernd sagt Katia:

« Dieses etwas schwierige Thema haben wir noch nicht angesprochen ... Aber ich glaube, auch da werden wir uns verständigen. Lass uns bitte nicht immer rumdiskutieren, wer bezahlt. Ich schlage vor, wir machen so eine Art gemeinsame Haushaltskasse. Einverstanden? »

« Eine sehr gute Idee. Jeder gibt die gleiche Summe in ein gemeinsames Portemonnaie, das macht die Dinge tatsächlich einfacher. Und was wir mit Kreditkarte bezahlen, schreiben wir in ein Notizbuch. Aber gestatte mir jetzt eine kleine Ausnahme: Anlässlich unseres Wiedersehens möchte ich dich heute Abend einladen! »

« Danke, Pierre ... aber ich werde mich revanchieren, am letzten Abend, okay? »

Der Kellner kommt an den Tisch und reicht die Rechnung ganz automatisch Pierre. Genau wie in Deutschland und anderswo ist es fast immer der Mann, der bezahlt, das ist so Brauch, auch wenn die Emanzipation der Frau auf beiden Seiten des Rheins Fortschritte gemacht hat.

Die Rechnung, die die Franzosen manchmal *la douloureuse*, « die Schmerzhafte » nennen, ist an diesem Abend nicht besonders gesalzen, und Pierre bezahlt sie, wie besprochen. Bevor sie aufstehen, flüstert ihm Katia noch zu:

« Wie sieht es denn jetzt mit dem Trinkgeld in Frankreich aus? Stimmt, was die kanadische Lehrerin sagte, dass man einfach aufrundet und so um die zehn Prozent gibt? Der Kellner war ja auch sehr aufmerksam und freundlich. »

« Aha, er gefällt dir, was? Du magst wohl die großen Dunkelhaarigen mit gewinnendem Lächeln? Aber ja, sie hat ganz recht, deine kanadische Dame. Keine Sorge, Katia, ich habe das alles schon berücksichtigt. Sag mir doch lie-

as le courage de rentrer à pied? Tu ne préfères pas prendre un taxi? Je pense qu'à cette heure-ci les bus ou les tramways ne circulent plus beaucoup.

– Nous allons bien sûr rentrer à pied. Je suppose que nous en avons pour une petite demi-heure, ça nous fera digérer et nous n'en dormirons que mieux !

– Dommage que l'illumination de la cathédrale ne commencera que dans quelques semaines, début juillet, je crois. Il paraît que pour les Strasbourgeois – et pour les touristes surtout – c'est *le* grand spectacle de l'été. Tu as vu que le syndicat d'initiative l'annonce sous le titre de « Lumière intemporelle – le grand show de l'été » ?

– Et ça dure toute la nuit? demande Katia en réprimant un léger baillement.

– Non, une demi-heure seulement, mais de toute façon, je vois que tu serais beaucoup trop fatiguée !

Le petit-déjeuner

Après une bonne nuit de sommeil, Katia se sent toute guillerette et prête à partir à la découverte des musées de la ville. Mais auparavant il faut prendre un bon petit déjeuner, « pour reprendre des forces », dit-elle. Elle est prête avant Pierre, qui est plutôt lève-tard.

– Je descends acheter une baguette et des croissants, dit-elle. J'ai vu qu'il y a un boulanger tout près, et même une supérette où je prendrai une plaquette de beurre et un pot de confiture. Et peut-être quelques fruits. Vive les self-services : je saurai me débrouiller toute seule ! Tu veux du jus de fruits au petit-déjeuner?

– Volontiers. Mais je vois que tu as décidé de

ber, ob du es noch schaffst, zu Fuß zurückzugehen. Willst du nicht eher ein Taxi nehmen? Um diese Stunde fahren sicher nicht mehr viele Busse oder Trambahnen.»

«Natürlich gehen wir zu Fuß zurück. Ich nehme an, es wird etwa eine halbe Stunde dauern. Das regt die Verdauung an und wir werden umso besser schlafen!»

«Schade, dass die Illumination des Münsters erst in ein paar Wochen beginnt, Anfang Juli, glaube ich. Für die Straßburger – und vor allem für die Touristen – ist das angeblich *das* Ereignis des Sommers. Hast du gesehen, dass es im Fremdenverkehrsbüro als ‹Zeitloses Licht – Die große Sommershow› angekündigt wird?»

«Und das dauert dann die ganze Nacht?», fragt Katia, und unterdrückt ein leises Gähnen.

«Nein, nur eine halbe Stunde, aber ich seh schon, du wärst sowieso viel zu müde!»

Das Frühstück

Katia hat gut geschlafen und ist munter und bereit, auf Entdeckungstour in die Museen der Stadt zu starten. Aber zuvor muss es noch ein gutes Frühstück geben, «um wieder zu Kräften zu kommen», sagt sie. Sie ist schon vor Pierre fertig, der eher ein Spätaufsteher ist.

«Ich geh schnell eine Baguette und Croissants kaufen», sagt sie. «Ich habe gesehen, dass es ganz in der Nähe einen Bäcker gibt und sogar einen kleinen Supermarkt, wo ich Butter und ein Glas Marmelade hole. Vielleicht auch etwas Obst. Es leben die Selbstbedienungsläden! Da komme ich alleine zurecht! Magst du Obstsaft zum Frühstück?»

«Gerne. Aber ich sehe: Du hast beschlossen, dich den

t'adapter aux usages français ! Pas de saucisson ? Pas de pâté de foie ? Pas de jambon ? Pas de fromage ?

– Eh bien non, rien de tout ça ! Ça nous ferait grossir, moi surtout, ironise Katia. Mais un œuf à la coque peut-être ? Tu veux ? Allez, vas prendre ta douche et fais chauffer l'eau du café. Je serai de retour dans une vingtaine de minutes.

– Tu prends du café ? Moi je préfère le thé au petit-déjeuner.

– Pas de problème. J'achète les deux. Tu préfères le darjeeling ou le ceylan ? Ou une tisane peut-être ?

– Ce n'est pas la peine d'acheter du thé et du café, répond Pierre. J'ai vu qu'il y en a dans le placard de la cuisine et Corinne m'a dit que nous n'avions qu'à puiser dans les réserves !

Un peu plus tard, les deux amis sont attablés devant un « petit-déjeuner à la française » … agrémenté d'un œuf à la coque.

– La journée commence bien, dit Pierre. Nous allons être en forme pour nous lancer à la découverte des musées. Par lequel on commence ? Tu as une préférence ?

– Je propose que nous commencions par le musée Tomi Ungerer. Là au moins je suis sûre que tu ne t'ennuieras pas.

Les musées de la ville

Très vite en effet Pierre est sous le charme de Tomi Ungerer. Dans une salle consacrée aux livres d'enfants, il se souvient soudain que, petit garçon, il avait

französischen Gepflogenheiten anzupassen! Keine Wurst? Keine Leberwurst? Keinen Schinken? Keinen Käse?»

«Nein, nichts von alledem! Das macht dick! Da bin vor allem ich gefährdet», meint Katia ironisch. «Aber vielleicht ein weiches Ei? Magst du? Los, geh unter die Dusche und mach dann das Wasser für den Kaffee heiß. Ich bin in etwa zwanzig Minuten zurück.»

«Trinkst du Kaffee? Ich mag lieber Tee zum Frühstück.»

«Kein Problem. Ich kaufe beides. Magst du lieber Darjeeling oder Ceylon? Oder vielleicht Kräutertee?»

«Du musst weder Tee noch Kaffee kaufen», antwortet Pierre. «Ich habe gesehen, dass es im Küchenschrank beides gibt, und Corinne hat gesagt, wir sollen uns ruhig bedienen!»

Etwas später sitzen die beiden am Tisch vor einem Frühstück «à la française» – immerhin mit einem weichen Ei.

«Der Tag fängt gut an», sagt Pierre. «Wir werden bestens gerüstet sein, um uns auf die Entdeckung der Museen zu stürzen. Mit welchem willst du denn beginnen? Hast du eine Vorliebe für eines?»

«Ich schlage vor, dass wir mit Tomi Ungerer beginnen. Ich bin sicher, da wirst du dich auf keinen Fall langweilen.»

Die Museen der Stadt

Bald schon ist Pierre dem Charme Tomi Ungerers erlegen. In einem den Kinderbüchern gewidmeten Saal erinnert er sich plötzlich daran, dass er als Kind in der

lu et relu ‹Les trois brigands›. Peut-être était-il secrètement amoureux de la petite Tiffany, qui parvient à transformer les trois malfaiteurs en de véritables bienfaiteurs de l'humanité. Lui revient aussi cette histoire de chat … oui, c'est bien cela: ‹Pas de baiser pour maman›. Dans une autre salle, il découvre ce que Katia lui avait annoncé: ces incroyables dessins érotiques, les plus osés, les plus farfelus qu'il ait jamais vus et qui sont autant de caricatures de la société dans laquelle nous vivons. Et un peu plus loin, dans une autre salle, il y a tous ces dessins incisifs, mordants, virulents sur l'amitié franco-allemande.

– Regarde Katia, ces deux personnages, c'est nous: une Allemande et un Français « dans le même bateau », comme nous disons chez nous !

– Tu vois que les Allemands et les Français ont toutes les raisons de s'entendre: nous employons exactement la même expression en allemand !

Pierre, qui pensait ne pas pouvoir tenir plus d'une heure à piétiner dans un musée, ne parvient pas à décoller. Katia est d'humeur taquine:

– Dis donc, je vois que tu vas devenir accro ! Si tu veux, nous pourrions nous renseigner à la caisse pour savoir s'il y a des visites guidées et nous reviendrons demain.

– D'accord, répond Pierre. Mais d'abord allons boire un café quelque part sur une jolie terrasse.

– J'ai vu qu'il y en a une juste en face. Il fait tellement beau ! Il faut profiter du soleil et de la bonne humeur des gens.

– Okay. Mais si tu veux encore aller voir le mu-

Tat immer wieder ‹Die drei Räuber› gelesen hat. Vielleicht war er heimlich verliebt in die kleine Tiffany, der es gelingt, drei Bösewichte in regelrechte Wohltäter der Menschheit zu verwandeln. Auch diese Katzengeschichte fällt ihm wieder ein … ach ja: ‹Kein Kuss für Mutter› hieß das Buch. In einem anderen Saal entdeckt er das, was Katia ihm angekündigt hatte: diese unglaublich gewagten erotischen Zeichnungen, die verrücktesten, die er je gesehen hat, lauter Karikaturen der Gesellschaft, in der wir alle leben. Und etwas später, in einem weiteren Saal dann diese schneidenden, beißenden, ätzenden Zeichnungen zur deutsch-französischen Freundschaft.

«Schau mal, Katia, diese beiden Figuren, das sind wir: Eine Deutsche und ein Franzose, die sitzen beide ‹im selben Boot›, wie das bei uns heißt!»

«Da siehst du ja, dass Deutsche und Franzosen gute Gründe haben, sich zu verstehen: Wir verwenden genau den gleichen Ausdruck im Deutschen!»

Pierre, der eigentlich dachte, er würde es nicht länger als eine Stunde in einem Museum aushalten, kann sich nicht lösen. Katia ist es danach, ihren Freund zu hänseln:

«Sag mal! Ich seh schon, du wirst noch süchtig! Wenn du magst, können wir an der Kasse fragen, ob es auch Führungen gibt. Dann kommen wir morgen noch einmal.»

«Einverstanden», antwortet Pierre. «Aber lass uns erst einmal irgendwo auf einer hübschen Terrasse einen Kaffee trinken.»

«Ich hab gesehen, dass es genau gegenüber so was gibt. Das Wetter ist so schön! Lass uns die Sonne und die gute Laune der Leute genießen.»

«Gut, doch wenn du heute noch das Musée de l'Œuvre

sée de l'Œuvre Notre-Dame aujourd'hui, il faut reprendre le chemin de la cathédrale, le musée est tout près. Ou si tu es fatiguée, nous pourrions faire un tour en bateau mouche.

– En bateau mouche? C'est quoi? Une toute petite barque, grande comme une mouche?

– Ce sont les bateaux qui circulent sur les rivières dans les villes. C'est l'une des grandes attractions touristiques à Paris; chez nous à Lyon il y en a aussi sur le Rhône. Je ne sais pas si ça s'appelle « bateau mouche » à Strasbourg aussi, mais je suppose que oui.

– Allons plutôt au musée de l'Œuvre Notre-Dame tant que nous sommes en forme. Nous ferons un tour en bateau mouche à Paris !

– Tu veux donc aller à Paris? Tu m'avais dit de décider de notre itinéraire et de te faire la surprise.

– Oui, d'accord. Mais tu ne peux pas me faire découvrir la France sans m'emmener à Paris, ne serait-ce que deux ou trois jours !

Après une petite pause-café Pierre et Katia reprennent leur flânerie à travers cette ville dont l'histoire si mouvementée se traduit aussi dans la configuration des différents quartiers et l'architecture des bâtiments.

De retour sur la place de la cathédrale, ils admirent le magnifique bâtiment du musée de l'Œuvre Notre-Dame.

– Quel peut bien être l'origine de ce nom? se demande Pierre.

Il n'y a pas foule et ils ne font donc pas la queue. À la caisse du musée, on leur propose un audio-

Notre-Dame besichtigen willst, sollten wir uns in Richtung Münster bewegen, das Museum ist ganz in der Nähe. Aber wenn du müde bist, könnten wir auch eine kleine Bootsfahrt im *bateau mouche* machen.»

«Im *bateau mouche*? Im Fliegen-Schiff? Was ist das denn? Ein ganz kleines Bötchen, so groß wie eine Fliege?»

«Das sind die Schiffe auf den Flüssen in den Städten. In Paris ist das eine der großen Touristenattraktionen; bei uns in Lyon gibt es auch welche, auf der Rhône. Ich weiß nicht, ob das in Straßburg auch *bateau mouche* heißt, ich nehme es aber an.»

«Gehen wir lieber ins Musée de l'Œuvre Notre-Dame, solange wir noch fit sind. Und nehmen wir uns eine Fahrt im *bateau mouche* in Paris vor!»

«Du willst also nach Paris? Du hattest doch gesagt, ich sollte über die Route entscheiden und dich überraschen.»

«Ja, schon, aber du kannst mich nicht auf Entdeckungstour nach Frankreich mitnehmen, ohne mir Paris zu zeigen, und sei es nur für zwei, drei Tage!»

Nach einer kleinen Kaffeepause nehmen Pierre und Katia ihren Spaziergang durch die Stadt wieder auf, eine Stadt, deren bewegte Geschichte sich auch in der Anlage der verschiedenen Viertel und Gebäude sowie in der Architektur widerspiegelt.

Als sie sich erneut auf dem Münsterplatz einfinden, bewundern sie das grandiose Gebäude des Musée l'Œuvre Notre-Dame.

«Wo kommt wohl dieser Name her», rätselt Pierre.

Hier herrscht kein Andrang, sie müssen nicht anstehen. An der Kasse bietet man ihnen einen Audioguide an, «der

guide, « c'est gratuit », leur dit-on. Et très vite, ils trouvent la réponse à la question de Pierre. Le musée se trouve dans les bâtiments de la « Fondation de l'Œuvre Notre-Dame », créée au début du XIIIe siècle à la fois pour diriger le chantier de la cathédrale et pour recueillir auprès des riches Strasbourgeois les legs et les dons nécessaires à l'entretien de l'édifice, dont la construction avait débuté en 1015, il y a donc plus de mille ans.

– Tu crois qu'au XIIIe siècle déjà, les sommes léguées à une fondation étaient déductibles des impôts? s'amuse Katia. En tout cas le bâtiment prouve que cette fondation ne manquait pas de moyens !

En effet, les « riches collections médiévales et Renaissance témoignent du passé prestigieux de la ville, qui fut du XIIIe au XVIe siècle l'un des plus importants centres artistiques de l'Empire germanique », explique l'audio-guide.

– Au fond c'est très agréable d'avoir un audio-guide. Chacun visite le musée à son rythme, on s'arrête quand on veut, où on veut et on n'est pas obligé de suivre un groupe et de s'adapter à l'allure du guide.

Après avoir admiré de près les plus belles statues de la cathédrale et un grand nombre d'œuvres illustrant l'art rhénan du Haut-Moyen-Âge et de la Renaissance, ils vont se reposer dans le petit jardin du musée, voué aujourd'hui encore à la culture de plantes médicinales.

– Tu penses que dans les musées parisiens nous retrouverions cette sérénité? demande Katia.

– Sûrement pas. D'ailleurs ils faudrait éventuelle-

ist umsonst», heißt es. Und bald schon finden sie die Antwort auf Pierres Frage. Das Museum befindet sich im Gebäude der «Fondation de l'Œuvre Notre-Dame», einer Stiftung, die zu Beginn des 13. Jahrhunderts gegründet wurde, um die Baustelle der Kathedrale zu beaufsichtigen, aber auch um bei den reichen Straßburgern die notwendigen Spenden und Schenkungen einzusammeln, die für den Unterhalt des Gebäudes nötig waren, dessen Bau im Jahre 1015, also vor mehr als tausend Jahren begonnen hatte.

«Glaubst du, dass man schon im 13. Jahrhundert die Summen, die man einer Stiftung vermachte, von den Steuern absetzen konnte?», amüsiert sich Katia. «Das Bauwerk beweist jedenfalls, dass diese Stiftung über ziemliche Mittel verfügte!»

Und in der Tat: «die reichhaltigen Sammlungen aus dem Mittelalter und der Renaissance zeugen von der glanzvollen Vergangenheit der Stadt, die vom 13. bis zum 16. Jahrhundert eines der bedeutendsten künstlerischen Zentren des germanischen Reichs war», erklärt der Audioguide.

«Im Grunde ist es sehr angenehm, ein Museum mit einem Audioguide zu besichtigen. Jeder macht das in seinem Tempo, man bleibt stehen, wann man will, wo man will, man muss nicht einer Gruppe folgen und sich nach einem Führer richten.»

Nachdem sie die schönsten Statuen des Münsters und zahlreiche Werke der rheinischen Kunst aus dem Hochmittelalter und der Renaissance bewundert haben, gehen sie zum Ausruhen in den kleinen Museumsgarten, in dem heute noch medizinische Pflanzen gezüchtet werden.

«Was meinst du, werden wir diese Ruhe auch in den Pariser Museen finden?», fragt Katia.

«Ganz gewiss nicht. Übrigens sollten wir vielleicht ein

ment prévoir quelques jours à l'avance quels musées, expositions ou monuments historiques nous voulons visiter pour essayer d'éviter de faire la queue.

Éviter de faire la queue

– Tu crois que nous devrions acheter nos billets à l'avance? demande Katia.

– Oui, j'ai appris ça lorsqu'un jour j'ai voulu aller voir une exposition au Grand Palais. À l'entrée je suis tombé sur une queue comme je n'en avais jamais vue. Je n'en ai pas tenu compte et je suis entré par le côté, mais à la caisse on m'a dit bien sûr de faire comme tout le monde. Du coup j'ai demandé combien de temps il fallait compter pour entrer, et on m'a répondu: «Une heure et demie à deux heures. Mais vous pouvez réserver un billet coupe-file pour demain, en indiquant une tranche horaire approximative. Ça réduit le temps d'attente à un quart d'heure maximum.» On n'a jamais fini d'apprendre, me suis-je dit: j'ai appris ce qu'est un «billet coupe-file». Si nous nous mettons d'accord un peu à l'avance pour visiter des sites touristiqes très courus, nous allons procéder de cette façon, même si les billets que l'on réserve par internet sont parfois un peu plus chers. D'ailleurs j'ai remarqué qu'entre midi et deux heures ou tôt le matin les files d'attente sont nettement moins longues.

– Mais nous n'allons tout de même pas nous lever à six heures du matin pour aller au musée à

paar Tage vor dem Termin festlegen, welche Museen, Ausstellungen oder historischen Stätten wir besichtigen wollen, um allzu langes Anstehen zu vermeiden.»

Das Vermeiden von Warteschlangen

«Du meinst, wir sollten die Eintrittskarten vorab kaufen?», fragt Katia.

«Ja, ich habe das bei einer Ausstellung im Grand Palais gelernt. Am Eingang war eine Schlange, wie ich sie in meinem ganzen Leben noch nicht gesehen hatte. Ich hab sie nicht beachtet und bin durch einen Seiteneingang reingegangen, aber an der Kasse hieß es natürlich, ich müsse mich wie alle anderen anstellen. Da habe ich gefragt, wie lange es wohl dauern würde, bis ich reinkäme, und die Antwort lautete: ‹Eineinhalb bis zwei Stunden. Sie können aber auch für morgen ein *billet coupe-file* reservieren, ein Ticket, um das Anstehen zu vermeiden, indem Sie eine ungefähre Zeitspanne angeben. Die Wartezeit wird damit auf maximal eine Viertelstunde reduziert.› Man hat nie ausgelernt, habe ich mir gedacht. Seitdem weiß ich, was ein sogenanntes *billet coupe-file* ist. Wenn wir uns ein wenig im Voraus festlegen, welche gut besuchten Sehenswürdigkeiten wir besichtigen wollen, können wir so vorgehen, auch wenn die Tickets, die man über Internet reserviert, manchmal etwas teurer sind. Im Übrigen habe ich gesehen, dass die Schlangen in der Mittagszeit oder früh am Morgen deutlich weniger lang sind.»

«Aber wir werden doch nicht um sechs Uhr früh aufstehen, um dann um acht ins Museum zu gehen», er-

huit heures, s'inquiète Katia. Je préfère de loin la solution du billet coupe-file !

– Alors nous allons éviter d'improviser et commencer à réfléchir à notre programme parisien. C'est d'accord?

Une petite virée dans le sud de l'Alsace et dans les Vosges

– Avant de quitter Strasbourg j'aimerais faire un petit tour à Colmar, et peut-être dans les Vosges. Tu veux bien?

– J'allais te le proposer, Katia. Mais pourquoi Colmar? Je sais bien que l'un des plus célèbres restaurants étoilés de France se trouve à quelques kilomètres de Colmar, mais j'ai peur que si nous nous offrons ce luxe, nous serons ruinés et il nous faudra abréger notre voyage.

– Ou dormir à l'auberge de jeunesse ! ironise Katias. Ça ne me déplairait pas de goûter la cuisine d'un chef étoilé. Mais non, c'est pour aller rendre une petite visite à Matthias Grünewald que j'aimerais aller à Colmar !

– J'aurais pu m'en douter. Tu es fan de musées; et le musée Unterlinden est un must !

– Tu parles « franglais » maintenant? On m'a toujours dit que les Français n'aiment pas beaucoup les mots étrangers et les mots d'emprunt !

– C'est vrai que nous n'aimons pas le *windsurfing* ou le *nordic walking* ou encore le *paraglider*, nous préférons la planche à voile, la marche nordique ou le parapente !

widert Katia besorgt. «Die Lösung mit diesem ‹schlangeabschneidenden› Ticket ist mir bei Weitem lieber.»

«Dann werden wir es eben vermeiden zu improvisieren und anfangen, über unser Paris-Programm nachzudenken. Einverstanden?»

Ein Ausflug ins südliche Elsass und in die Vogesen

«Bevor wir Straßburg verlassen, würde ich gerne einen kleinen Abstecher nach Colmar und in die Vogesen machen. Wärst du einverstanden?»

«Ich wollte es dir schon vorschlagen, Katia. Aber warum gerade Colmar? Ich weiß schon, dass sich in der Nähe eines der berühmtesten Drei-Sterne-Restaurants befindet, aber ich fürchte, wenn wir uns diesen Luxus leisten, sind wir pleite und dann müssen wir unsere Reise abkürzen.»

«Oder in Jugendherbergen schlafen», feixt Katia. «Es würde mir durchaus gefallen, die Küche eines Dreisternekochs zu genießen. Aber nein, nach Colmar würde ich gerne fahren, um Matthias Grünewald zu besuchen!»

«Das hätte ich mir denken können. Du bist ein Museumsfan und das Unterlinden-Museum ist ein *must*!»

«Oho, du redest plötzlich *franglais?* Man hat mir immer erzählt, dass die Franzosen Fremdwörter und Lehnwörter nicht sonderlich schätzen!»

«Stimmt, wir mögen kein *Windsurfing*, kein *Nordic Walking* und auch keine *Paraglider*, wir bevorzugen das ‹Segelbrett›, das ‹Nordische Wandern› oder den ‹Gleitschirm›.»

– Mais tu as raison: le musée Unterlinden est un must. Au lycée autrefois notre professeur d'histoire de l'art nous a beaucoup parlé du retable d'Isenheim. Elle disait qu'au début du XVIe siècle, Matthias Grünewald peignait déjà comme les maîtres de l'expressionisme au XXe siècle ... en mieux!

– Je vais t'avouer une chose qui te choquera peut-être: il y a des années, mes parents sont allés en Alsace et à leur retour il a fallu que je regarde des centaines de diapos. Entre autres du retable d'Isenheim. Et je m'ennuyais à mourir.

– Pauvre Pierre!

– Ne te moque pas de moi! D'ailleurs les élèves français n'étudient pas l'histoire de l'art au lycée, même pas en classe de terminale. J'ai choisi la section philo à l'époque et je pourrais te parler des heures durant de l'un des philosophes les plus influents du XVIe siècle, pas tout à fait contemporain de Grünewald, mais presque ... Montaigne, ça te dit quelque chose?

– À ma connaissance il y a eu récemment une nouvelle traduction allemande de ses ‹Essais›, mais je ne les ai jamais lus. Tu m'en diras un peu plus en cours de route?

– C'est d'accord. Mais à une condition: après le musée nous allons prendre l'air des montagnes. Et les fermes-auberges de la «route des crêtes» font partie aussi du patrimoine culturel de l'Alsace! Je vais te faire découvrir l'une des merveilles gastronomiques de cette région, le munster fermier.

– Quel rapport avec Montaigne? Il aimait le fromage?

«Aber du hast schon recht: Das Unterlinden-Museum ist ein *must*. In der Schule hat unsere Kunstgeschichtslehrerin viel über den Isenheimer Altar erzählt. Sie behauptete, dass Matthias Grünewald zu Beginn des 16. Jahrhunderts schon wie die Meister des Expressionismus im 20. Jahrhundert malte … nur besser!»

«Ich muss dir etwas gestehen, was dich vielleicht schockieren wird: Vor Jahren sind meine Eltern mal ins Elsass gefahren, und als sie zurückkamen, musste ich mir Hunderte von Dias anschauen. Unter anderem vom Isenheimer Altar. Und ich hab mich zu Tode gelangweilt.»

«Armer Pierre!»

«Mach dich nicht lustig über mich. Die französischen Schüler haben im Gymnasium keinen Kunstgeschichtsunterricht, nicht einmal in der Abiturklasse. Ich habe mich damals für den Schwerpunkt Philosophie entschieden, und ich könnte dir stundenlang über einen der einflussreichsten Philosophen des 16. Jahrhunderts erzählen, nicht ganz Zeitgenosse von Grünewald, aber fast … Montaigne, sagt dir das was?»

«Vor Kurzem ist, so viel ich weiß, eine deutsche Neuübersetzung erschienen, gelesen habe ich seine ‹Essais› aber nie. Du könntest mir auf der Fahrt ein bisschen darüber erzählen.»

«Einverstanden. Aber unter einer Bedingung: Nach der Museumsbesichtigung fahren wir in die Berge, Luft schnappen. Und die ‹fermes-auberges›, die Berggasthöfe der Vogesenkammstraße gehören auch zum elsässischen Kulturerbe! Ich werde dich in eines der gastronomischen Wunder dieser Region einführen, den *Munster fermier!*»

«Was hat das mit Montaigne zu tun? Hatte der eine Vorliebe für Käse?»

– Sans doute, mais il est peu probable qu'il ait connu le munster. Il aimait surtout le bon vin ! À propos des juristes de l'époque il disait : « Versez leur du bon vin, ils vous feront de bonnes lois » – à mon avis, cette citation peut s'appliquer aujourd'hui encore à notre garde des sceaux !

– Pour en revenir au munster : tu as parlé de « munster fermier », et maintenant de munster tout court. Il y a une différence ?

– Oui bien sûr ! Le munster fermier est fabriqué à la ferme, avec le lait des vaches d'un seul producteur. On parle de « fromage fermier » pour faire la différence avec le fromage industriel. C'est un peu comme pour le vin. Au supermarché tu peux acheter des vins de Bordeaux AOC relativement bon marché – c'est l'abbréviation pour « appellation d'origine contrôlée ». Ce sont bien des raisins du vignoble bordelais, mais qui peuvent être vinifiés en coopérative ou par des négociants qui achètent le raisin chez les vignerons. Alors qu'un Château Margaux est un vin du Bordelais, mais provenant des vignes du domaine de Château Margaux uniquement : c'est ce qu'on appelle un grand cru classé. On ne va pas jusque là pour le munster, mais tu verras quand nous nous arrêterons dans une ferme-auberge : le munster fermier n'a rien à voir avec un fromage industriel !

Après cette leçon de gastronomie, Katia ne peut s'empêcher de taquiner Pierre :

– J'ai comme l'impression que la gastrosophie t'intéresse plus que la philosophie de Montaigne !

«Wahrscheinlich schon, aber den Münsterkäse kannte er sicherlich nicht. Er mochte vor allem den guten Wein! Über die Rechtsgelehrten der damaligen Zeit sagte er: ‹Schenkt ihnen guten Wein ein, dann werden sie euch gute Gesetze machen!› – meines Erachtens gilt das auch heute noch für unseren Justizminister!»

«Noch mal zum Münsterkäse: Du hast vorhin von *Munster fermier* gesprochen und danach nur noch von *Munster*. Gibt es da einen Unterschied?»

«Ja klar! *Munster fermier* wird auf dem Bauernhof hergestellt, aus der Milch der eigenen Kühe. Man spricht von *Munster fermier,* um den Unterschied zum industriell gefertigten Käse zu betonen. Das ist ähnlich wie beim Wein. Im Supermarkt kannst du verhältnismäßig billige ‹Bordeaux AOC› kaufen – das ist die Abkürzung für *appellation d'origine contrôlée,* kontrollierte Herkunftsbezeichnung also. Die Trauben entstammen tatsächlich den Weinbergen der Bordeauxgegend, aber sie können von Winzergenossenschaften oder Händlern ausgebaut werden, die die Trauben bei den Weinbauern aufkaufen. Wohingegen ein Château Margaux zwar ein Bordeauxwein ist, aber ausschließlich aus den Trauben des Weinguts Château Margaux hergestellt wird. Das ist dann ein *grand cru classé*. So weit geht es nicht mit dem Münsterkäse, aber wenn wir an einer *ferme-auberge* haltmachen, wirst du schon sehen: kein Vergleich mit einem industriell hergestellten Käse!»

Nach dieser Vorlesung in Gastronomie kann Katia nicht umhin, Pierre ein bisschen zu hänseln:

«Ich habe irgendwie den Eindruck, dass dich die Gastrosophie doch mehr interessiert als Montaignes Philosophie!»

Une excursion imprévue sur les traces de Goethe

Pour leur dernier petit-déjeuner à Strasbourg, Katia est allée acheter des croissants et des brioches chez le boulanger du coin.

– Tu vois que dès le début de notre voyage j'ai eu le courage de faire les courses toute seule ! Et je fais des progrès tous les jours, dit-elle en riant.

Pendant ce temps Pierre a préparé le thé et le café. Une fois attablés, Katia prend son courage à deux mains pour annoncer à Pierre qu'avant de quitter l'Alsace elle aimerait faire une excursion un peu particulière. Elle ose à peine exprimer son souhait.

– Tu vas te moquer de moi si je te dis ce que j'aimerais faire aujourd'hui.

– Et pourquoi? Tu as changé d'avis? Tu ne veux plus quitter Strasbourg? Tu veux aller visiter encore un autre musée? Ou tu veux passer la journée au lit?

– Pas du tout … J'aimerais aller à Sesenheim, c'est presque sur notre chemin si nous prenons la route vers la Lorraine.

À Sesenheim ! Encore un nom de village à consonnance germanique, comme presque tous les noms de villages en Alsace. Pierre regarde Katia d'un air interrogateur.

– « Cézeunaïme » ? Et pourquoi ça?

– Pour Goethe ! J'ai vérifié, ce n'est pas très loin, une quarantaine de kilomètres seulement, nous y serons dans moins d'une heure …

– Goethe … Ah oui, c'est vrai, le plus grand poète allemand … classe de seconde, si je me souviens bien. Mais …

Ein unvorhergesehener Ausflug auf Goethes Spuren

Für ihr letztes Frühstück in Straßburg hat Katia beim Bäcker um die Ecke Croissants und Brioches gekauft.

«Du siehst, dass ich von Anfang an den Mut hatte, alleine einkaufen zu gehen und es geht jeden Tag besser!», hat sie lachend gesagt.

Indessen hat Pierre Tee und Kaffee gekocht und als sie am Tisch sitzen, muss sich Katia einen kleinen Ruck geben, um Pierre zu eröffnen, dass sie gerne einen ganz besonderen Ausflug machen möchte, bevor sie das Elsass verlassen. Es fällt ihr etwas schwer, ihren Wunsch zu äußern.

«Du wirst dich über mich lustig machen, wenn ich dir sage, was ich heute machen möchte.»

«Warum denn? Hast du es dir anders überlegt? Willst du nicht mehr weg aus Straßburg, noch ein anderes Museum anschauen oder den Tag im Bett verbringen?»

«Überhaupt nicht … Ich möchte nur gern nach Sesenheim fahren, das liegt fast auf unserem Weg, wenn wir Richtung Lothringen starten.»

Nach Sesenheim! Schon wieder ein deutsch klingender Dorfname, wie bei fast allen Dörfern im Elsass. Mit fragendem Blick schaut Pierre Katia an.

«Zzz… eesenhaim? Warum denn das?»

«Wegen Goethe! Ich habe nachgesehen, das ist nicht sehr weit von hier, ungefähr vierzig Kilometer, in weniger als einer Stunde sind wir da …»

«Goethe, ja, ja, größter deutscher Dichter … bei uns irgendwo so zehnte Klasse, wenn ich mich recht erinnere. Aber …»

– Oui, je sais, tu n'es pas un littéraire. Mais notre grand poète allemand a passé quelques mois à Strasbourg, sous prétexte de faire des études de médecine, je crois. Et il est tombé amoureux d'une jeune fille dont le père était pasteur à Sesenheim. Et depuis qu'au lycée j'ai lu les poèmes dédiés à Friederike Brion, je me suis dit …

– … que tu aimerais qu'un homme grand, beau et fort t'écrive des poèmes comme ceux que Goethe écrivait pour sa chérie !

– Non, mais qu'un jour j'irai faire un pèlerinage dans ce village. Ça t'embête?

Pierre s'empresse alors de chercher sur internet ce qu'il en est. Et découvre qu'il y a bel et bien un petit, un tout petit musée et un « mémorial Goethe ».

En début d'après-midi, après avoir rendu les clés de l'appartement à la voisine, ils prennent donc la route de ce village du nord de l'Alsace, en évitant soigneusement l'autoroute. Katia est excitée comme une petite fille qui attend que son plus beau rêve se réalise.

– Regarde ce paysage, Pierre, imagine un peu ce jeune homme de vingt-deux ans qui saute sur son cheval pour aller rejoindre l'amour de sa vie ! Il n'hésite pas à galoper comme un fou quatre heures durant en direction du nord, juste pour la voir une heure ou deux … Compare un peu aux garçons d'aujourd'hui : au lieu d'écrire des poèmes à la fille dont ils sont amoureux, ils lui envoient des SMS ! Dans le genre « Tout va bien? Tu penses à moi? Je t'aime ! »

«Ja, ich weiß schon, Literatur ist nicht dein Ding. Aber unser Dichterfürst hat ein paar Monate in Straßburg verbracht, unter dem Vorwand, Medizin zu studieren, wenn ich mich recht erinnere. Und dann hat er sich in ein junges Mädchen verliebt, dessen Vater Pastor in Sesenheim war. Und seitdem ich in der Schule Gedichte gelesen habe, die Friederike Brion gewidmet sind, habe ich mir gesagt …»

«… dass du dir wünschst, dass dir eines Tages ein großer, schöner, starker Mann Gedichte schreibt wie diejenigen, die Goethe für seine Liebste geschrieben hat!»

«Nein, ich habe mir vorgenommen, eines Tages eine kleine Pilgerreise in dieses Dorf zu unternehmen. Hättest du was dagegen?»

Sofort sucht Pierre im Internet, was es damit auf sich hat. Und entdeckt, dass es da tatsächlich ein kleines Museum und ein «Goethe-Memorial» gibt.

Nachdem sie am frühen Nachmittag die Schlüssel der Wohnung bei der Nachbarin abgegeben haben, fahren sie also Richtung Norden, wobei sie sorgfältig die Autobahn meiden. Katia ist aufgeregt wie ein kleines Mädchen, das darauf wartet, dass sich sein schönster Traum verwirklicht.

«Schau dir doch mal diese Landschaft an, Pierre, stell dir diesen zweiundzwanzigjährigen jungen Mann vor, der auf sein Pferd springt, um zur Liebe seines Lebens zu reiten. Er scheut nicht davor zurück, vier Stunden wie ein Wahnsinniger Richtung Norden zu galoppieren, nur um sie eben mal eine Stunde oder zwei zu sehen … Vergleich das doch mal mit den jungen Leuten von heute: Anstatt ihrer Angebeteten Gedichte zu schreiben, schicken sie ihr SMS! So nach dem Motto: ‹Alles okay? Denkst du an mich? Ich liebe dich!›»

– Oui, mais il me semble qu'il y a un siècle et demi l'amour-fou du poète n'a pas duré bien plus longtemps que celui des jeunes amoureux d'aujourd'hui dont tu viens de parler !

Mais Katia ne prête pas attention au réalisme du commentaire de son ami Pierre. Lentement, presqu'à voix basse, elle murmure les vers de ‹Bienvenue et adieu›, ce merveilleux poème d'amour qu'elle avait autrefois appris par cœur :

Mon coeur battait fort, vite en selle !
Et à peine y avais-je pensé, ce fut fait.
Le soir déjà berçait la terre
Et la nuit était suspendue aux montagnes.
Déjà le chêne portait son costume de brume,
Tel un géant, dressé comme une tour, là
Où dans les ténèbres des buissons
M'observaient cent regards noirs …

Pierre ne comprend pas bien les mots du poème, mais il en perçoit la musique.

– Ah ! Les Allemands et l'âme romantique ! J'espère que Katia ne sera pas trop déçue par la réalité que nous trouverons sur place, se dit-il.

Malheureusement, les doutes de Pierre se confirment. Rien ou presque de ce qui a marqué ce tout petit morceau de biographie du plus grand auteur allemand n'est conservé dans le village de Sesenheim – qui d'ailleurs s'appelle aujourd'hui Sessenheim avec deux « s », un peu comme Isenheim près de Colmar est devenu Issenheim ! –, ni l'église où le père de Frédérique célébrait le

« Na ja, aber mir scheint, dass vor eineinhalb Jahrhunderten die heiße Liebe des Dichters nicht länger angehalten hat als die der jungen Liebhaber von heute, von denen du sprichst ! »

Aber Katia kümmert sich nicht um den realistischen Kommentar ihres Freundes Pierre. Langsam murmelt sie die Verse von ‹ Willkomen und Abschied ›, diesem wunderschönen Liebesgedicht, das sie einst auswendig gelernt hatte.

Es schlug mein Herz, geschwind zu Pferde !
Es war getan fast eh gedacht.
Der Abend wiegte schon die Erde,
Und an den Bergen hing die Nacht;
Schon stand im Nebelkleid die Eiche,
Ein aufgetürmter Riese, da,
Wo Finsternis aus dem Gesträuche
Mit hundert schwarzen Augen sah …

Die Worte des Gedichts versteht Pierre nicht so recht, aber er spürt die Musik in ihnen.

« Ach, die Deutschen und ihre romantische Seele ! Ich hoffe nur, dass Katia von der Realität nicht allzu sehr enttäuscht sein wird, wenn wir an Ort und Stelle sind », denkt er.

Leider bestätigen sich Pierres Befürchtungen. So gut wie nichts von dem, was das winzige Stück der Biographie des größten deutschen Schriftstellers geprägt hat, ist im Dorf Sesenheim – das übrigens heute Sessenheim, mit zwei « s », heißt, so wie aus Isenheim in der Nähe von Colmar Issenheim geworden ist – noch erhalten, weder die Kirche, in der Friederikes Vater seine Gottes-

culte, ni le presbytère ou la maison où vivait la famille Brion. Le mémorial, construit dans les années 60 du XXe siècle sous l'impulsion d'un éminent germaniste strasbourgeois, est mal entretenu et tout y est branlant. Le minuscule musée, relégué dans une arrière-salle de restaurant, n'apporte rien de bien intéressant et donne l'impression d'être un peu poussiéreux.

Cependant, avant de quitter « le village de Goethe », Katia et Pierre s'installent dans un café pour reprendre des forces, et Katia découvre enfin ce qu'est un vrai kouglof alsacien. Il est tellement bon qu'elle en oublie sa déception et en achète un entier – au cas où ils auraient faim en cours de route.

En passant par la Lorraine

Grâce à l'intermède du kouglof, Katia et Pierre sont d'excellente humeur; la petite déception de Sesenheim mise à part, leur séjour en Alsace s'est très bien passé. Ils ont tous deux beaucoup d'humour et adorent se chamailler pour s'amuser, mais il n'y a pas eu le moindre désaccord, ils ne se sont jamais disputés. Ils ont pris plaisir à toutes leurs activités communes et ils sont bien décidés à poursuivre leur voyage comme il a commencé: dans la joie. Tous deux avouent qu'ils étaient un peu inquiets avant d'arriver à Strasbourg. Après tout, ce n'était pas acquis d'avance. Ils se sont retrouvés pour la première fois après plus de dix ans. Entre temps chacun a mené sa vie, ils ne sont plus les adolescents qu'ils étaient à l'époque où Pierre était venu rendre visite à sa correspondante

dienste gehalten hat, noch das Pfarrhaus bzw. das Haus, in dem die Familie Brion lebte. Das in den sechziger Jahren des 20. Jahrhunderts von einem berühmten Straßburger Germanisten errichtete Memorial ist schlecht erhalten und alles ist brüchig. Das winzige, in die hinteren Räume eines Restaurants verbannte Museum hat wenig Interessantes zu bieten und wirkt etwas verstaubt.

Bevor sie jedoch das « Goethe-Dorf » verlassen, stärken sich Katia und Pierre in einem Café … wo Katia endlich entdeckt, was ein echter elsässischer Gugelhupf ist. Er schmeckt ihr so gut, dass sie ihre Enttäuschung vergisst und einen ganzen zum Mitnehmen kauft – falls sie unterwegs Hunger bekommen sollten.

Unterwegs durch Lothringen

Dank des Gugelhupfs sind Katia und Pierre bester Laune. Abgesehen von der kleinen Sessenheimer Enttäuschung war ihr Elsassaufenthalt ein Erfolg. Sie haben beide viel Humor und hänseln sich gern, aber es hat nicht die geringste Unstimmigkeit gegeben, sie haben sich nie gestritten. Sie haben ihre gemeinsamen Unternehmungen genossen und sind fest entschlossen, ihre Reise so fortzusetzen, wie sie begonnen hat: immer fröhlich. Beide geben zu, dass sie durchaus etwas besorgt waren, bevor sie in Straßburg angekommen sind. Schließlich war das keine todsichere Sache. Nach mehr als zehn Jahren haben sie sich zum ersten Mal wiedergesehen; in der Zwischenzeit hat jeder sein Leben gelebt; sie sind nicht mehr die Teenager, die sie waren, als Pierre seine deutsche Brieffreundin in München besucht hat. Damals ging es

allemande à Munich. Son seul objectif à l'époque était de faire des progrès en allemand. Maintenant, il a le sentiment que grâce à ce voyage avec Katia (et après toutes sortes d'expériences plutôt malheureuses entre temps), il va redécouvrir son propre pays, le voir avec un regard nouveau.

– La vie est belle, tu ne trouves pas? s'exclame Pierre maintenant qu'ils sont installés dans la voiture.

– C'est formidable de faire ce voyage avec toi. C'est vraiment chouette que tu me consacres tout ce temps !

– Qu'est-ce que tu veux, je suis un mec sympa, répond Pierre en riant. Surtout quand il y a une nana sympa à côté de moi ... une nana qui ne me fait pas sans arrêt des reproches parce que je roule trop vite ou trop lentement, parce que la couleur de ma chemise n'est pas assortie à celle de mon pantalon, parce que je ne me suis pas rasé le matin ou parce que je chante faux. Tu sais quoi? Je suis tellement heureux que j'ai envie de chanter.

Pierre vient de se souvenir d'une chanson que son père chantait à tue-tête dans la voiture, autrefois, quand la famille partait en vacances. C'était une chanson patriotique très en vogue après la guerre. Dans les années cinquante tous les instituteurs la faisaient chanter à leurs petits élèves de six ou sept ans. La génération de son père avait été marquée par ce texte:

> La France est belle,
> Ses destins sont bénis.
> Vivons pour elle !
> Vivons unis !

ihm in erster Linie darum, sein Deutsch zu verbessern. Jetzt hat er das Gefühl, dass er durch diese Reise mit Katia (nach allen möglichen eher unguten Erfahrungen in der Zwischenzeit) sein eigenes Land wiederentdecken und mit anderen Augen sehen wird.

« Ach, das Leben ist schön, findest du nicht? », ruft Pierre, jetzt wo sie im Auto sitzen.

« Es ist wunderbar, diese Reise mit dir zu machen. Es ist wirklich toll, dass du dir so viel Zeit für mich nimmst ! »

« Ich bin eben ein netter Typ ! », antwortet Pierre und lacht. « Vor allem, wenn neben mir ein nettes Weib sitzt und nicht eine Tussi, die mir andauernd Vorwürfe macht, weil ich zu schnell oder zu langsam fahre, weil die Farbe meines Hemdes nicht zu der meiner Hose passt, weil ich mich morgens nicht rasiert habe oder weil ich falsch singe. Weißt du was? Ich bin so glücklich, dass ich am liebsten singen würde. »

Pierre erinnert sich gerade an ein Lied, das sein Vater immer laut vor sich hin grölte, wenn die Familie früher in die Ferien fuhr. Es war ein patriotisches Lied, das nach dem Krieg sehr en vogue war. In den fünfziger Jahren haben es sämtliche Grundschullehrer ihren sechs- oder siebenjährigen Schülern beigebracht, und die Generation seines Vaters hatte den Text wirklich verinnerlicht:

> Frankreich ist schön,
> Seine Geschicke sind heilig.
> Leben wir für dieses Land !
> Leben wir vereint !

Passez les monts, passez les mers,
Visitez cent climats divers;
Loin d'elle au bout de l'univers,
Vous chanterez fidèle:
La France est belle!

Personne ne se souvient vraiment de la suite, mais le refrain et la première strophe sont devenus une véritable rengaine.

– Allez Katia, chante avec moi! Tu vas voir, c'est très facile!

– Attention à tes oreilles! Je parie que c'est toi qui vas me faire des reproches si je me lance. Je chante terriblement faux!

– Mais non, tu vas voir, ça fait du bien. Et n'oublie pas d'admirer le paysage.

Ils prennent maintenant la direction de Nancy. Comme au début de leur voyage, Pierre préfère éviter l'autoroute. Pas tant pour faire l'économie des péages, mais pour mieux profiter du paysage, justement. Lorsqu'ils parviennent au col de Saverne Pierre ne peut s'empêcher de jouer au professeur d'histoire.

– Tu sais que lorsque Louis XIV est venu en Alsace pour la première fois, il a été subjugué par le paysage? Après le siège de Strasbourg en 1681, ses armées avaient conquis une grande partie des territoires de cette province et il s'y est rendu en passant par le col de Saverne. Là, il s'est arrêté et s'est exclamé: «Ah quel beau jardin que voilà!». C'est du moins ce que les professeurs d'histoire racontent à leurs élèves.

Überquert die Berge und die Meere,
Besucht hundert verschiedene Landstriche;
Weit weg am andern Ende der Welt,
Werdet ihr in Treue singen:
Frankreich ist schön!

Keiner weiß heute mehr, wie es weitergeht, aber der Refrain und die erste Strophe waren ein richtiger Ohrwurm geworden.

»Los Katia, sing mit! Du wirst sehen, es ist ganz leicht!»

«Pass auf deine Ohren auf! Ich wette, dass du mir, wenn ich jetzt loslege, später Vorwürfe machst. Ich singe furchtbar falsch.»

«Ach was, du wirst sehen, es tut gut. Und vergiss dabei nicht, die Landschaft zu bewundern.»

Sie fahren Richtung Nancy. Wie zu Beginn ihrer Reise möchte Pierre die Autobahn lieber vermeiden. Nicht so sehr, um die Maut zu sparen, sondern vielmehr, um die Landschaft richtig genießen zu können. Als sie die Zaberner Steige erreichen, kann Pierre es nicht lassen, den Geschichtslehrer zu spielen.

«Wusstest du, dass Ludwig XIV. von der Landschaft überwältigt war, als er zum ersten Mal ins Elsass kam? Nach der Belagerung von Straßburg 1681, bei der seine Armee einen Großteil der Territorien dieser Provinz erobert hatte, kam er hierher über die Zaberner Steige. Und da hat er angehalten und ausgerufen: ‹Ach! Was für ein wunderschöner Garten hier!›» So erzählen es jedenfalls die Geschichtslehrer ihren Schülern.

– Alors arrêtons-nous ! Parce que je te signale que nous roulons dans l'autre sens ! Le paysage que nous avons devant nous n'est donc pas celui qu'a découvert le Roi Soleil à l'époque.

– Bravo Katia, super ! On dit toujours que les femmes manquent de logique et de sens de l'orientation, tu viens de me prouver le contraire.

Après une petite pause pour admirer « le beau jardin » de la plaine d'Alsace – et manger un dernier morceau de kouglof –, ils remontent en voiture et poursuivent leur voyage en silence.

Katia constate que Pierre est songeur.

– Que se passe-t-il ? Tu ne digères pas le kouglof ?

– Oh non, j'en mangerais bien encore un morceau ! Mais je pense encore à toutes ces chansons que mes parents ont apprises à l'école et qui sont si souvent marquées par l'histoire malheureuse de nos deux pays. Des chansons revanchardes après l'annexion de l'Alsace et de la Lorraine par les Allemands en 1871, après la défaite de Sedan.

> « Non vous n'aurez pas l'Alsace et la
> Lorraine
> Et malgré vous nous resterons Français
> Vous avez pu germaniser la plaine
> Mais notre cœur vous ne l'aurez jamais ! »

– Mais ils n'ont eu qu'une partie de la Lorraine, les méchants Allemands ironise Katia.

– Oui, tu as raison, le département de la Moselle

«Dann halten wir doch an! Wir fahren nämlich in die andere Richtung, wenn ich das sagen darf! Die Landschaft, die wir vor uns haben, ist also nicht die, die der Sonnenkönig damals entdeckt hat.»

«Hey, super, Katia! Den Frauen sagt man immer nach, es mangele ihnen an Logik und Orientierungssinn, du hast mir soeben das Gegenteil bewiesen.»

Nach einer kleinen Pause, in der sie den «schönen Garten» der elsässischen Ebene bewundern – und ein letztes Stück Gugelhupf verspeisen –, steigen sie wieder ein und setzen schweigend ihre Reise fort.

Katia bemerkt, das Pierre nachdenklich ist.

«Was ist los mit dir? Hast du Mühe, den Gugelhupf zu verdauen?»

«Überhaupt nicht, ich könnte noch ein weiteres Stück davon vertragen. Aber ich denke gerade an diese ganzen Lieder, die meine Eltern in der Schule gelernt haben und die so oft von der unglücklichen Geschichte unserer beiden Länder geprägt sind. Revanchistische Lieder, nach der Annexion von Elsass-Lothringen im Jahre 1871, nach der Niederlage von Sedan.

‹Nein, ihr kriegt sie nicht, weder das Elsass noch Lothringen
Ihr könnt tun, was ihr wollt, wir bleiben Franzosen
Es ist euch gelungen, das Land zu germanisieren
Aber unsere Herzen, die kriegt ihr nie!›»

«Sie haben doch nur einen Teil von Lothringen gekriegt, die bösen Deutschen», fügt Katia leicht ironisch hinzu.

«Ja, du hast recht, nur das Département Moselle.

seulement. Nancy est restée française et a été pour quelques décennies la ville la plus importante à la frontière est de la France.

– C'est peut-être pour cette raison que des artistes s'y sont installés et y ont fondé « l'école de Nancy ». Je suis vraiment curieuse de découvrir les traces qu'ils ont laissées dans cette ville ! Il paraît qu'il faut faire la distinction entre l'Art nouveau et le « Jugendstil ».

L'arrivée à Nancy

Arrivés à Nancy, Pierre décide qu'il faut être raisonnable et commencer par chercher un endroit pour dormir.

Aussitôt dit, aussitôt fait. Ils n'ont pas de mal à trouver un hôtel tout près du centre ville. À la réception on leur suggère d'aller dîner dans une brasserie de la place Stanislas.

– De toute façon il est trop tard pour aller au musée ! Et tu verras que Nancy n'est pas seulement la ville de l'Art nouveau. Si tu veux, nous ferons une promenade nocturne dans la ville ancienne après avoir mangé, mais je crois que nous devrions nous réserver ce plaisir pour demain.

Pierre et Katia montent dans leurs chambres – celle de Pierre est au premier, celle de Katia au troisième – le temps de faire un brin de toilette et de se changer.

Ils se retrouvent à la réception une demi-heure plus tard.

– Sur ma table de nuit il y avait un petit panier

Nancy ist französisch geblieben und wurde für einige Jahrzehnte zur bedeutendsten Stadt an der östlichen Grenze Frankreichs.»

«Vielleicht ist das der Grund, weshalb sich da etliche Künstler niedergelassen und die ‹Schule von Nancy› gegründet haben. Ich bin wirklich neugierig auf die Spuren, die sie in dieser Stadt hinterlassen haben! Angeblich gibt es Unterschiede zwischen Art Nouveau und Jugendstil.»

Die Ankunft in Nancy

Als sie in Nancy ankommen, beschließt Pierre, dass sie vernünftig sein und erst einmal einen Ort zum Schlafen suchen sollten.

Gesagt, getan. Es ist nicht schwierig, ein Hotel ganz in der Nähe der Stadtmitte zu finden. An der Rezeption schlägt man ihnen vor, in einer Brasserie an der Place Stanislas zu Abend zu essen.

«Es ist sowieso zu spät, um noch ins Museum zu gehen. Und du wirst sehen: Nancy ist nicht nur die Stadt des französischen Jugendstils. Wenn du magst, machen wir nach dem Essen einen abendlichen Bummel durch die Altstadt, aber vielleicht sollten wir uns dieses Vergnügen für morgen aufsparen.»

Pierre und Katia gehen in ihre Zimmer – Pierres Zimmer befindet sich im ersten Stock, Katias im dritten – um sich noch ein wenig frisch zu machen und sich umzuziehen.

Ein halbe Stunde später treffen sie sich wieder an der Rezeption.

«Auf meinem Nachttisch stand ein kleines Körbchen

avec des bonbons. Dans ta chambre aussi? demande Katia.

– Bien sûr ! Tu vas me dire que tu t'es jetée dessus et que tu n'as plus faim?

– Oui, j'avoue que je n'ai pas pu résister ! Ils avaient un goût et une couleur extraordinaires, ces bonbons, mais je ne sais vraiment pas ce que c'était.

– Eh bien tu as découvert *la* spécialité de la région : la bergamotte de Nancy. C'est probablement le pâtissier ou le confiseur d'un duc de Lorraine qui, au XVIIIe ou au XIXe siècle a importé la bergamote du sud de l'Italie et qui a créé ces bonbons. À ma connaissance on ne les fabrique nulle part ailleurs !

– Ah oui, bien sûr ! C'est le goût de l'earl grey !

– En réalité c'est un fruit qui ressemble au citron vert mais qui a un goût très particulier, plus prononcé que le citron ou le citron vert. Et c'est d'ailleurs une ces bizarreries de la langue française : le fruit s'écrit avec un seul « t », le bonbon en prend deux !

– Eh bien, j'espère que le dîner à la brasserie ne sera pas une déception après cette découverte ! D'autant plus que je n'aime pas la bière, je te l'ai déjà dit.

– Mais personne ne t'obligera à boire de la bière ! Je suis sûr que tu trouveras de quoi faire ton bonheur sur la carte des vins.

– Du vin dans une brasserie? Tu m'étonnes ! Normalement on y boit de la bière, non?

– Oh, pardon, je ne t'avais pas encore expliqué cette bizarrerie linguistique : à l'origine, une brasse-

mit Bonbons. In deinem Zimmer auch?», fragt Katia neugierig.

«Klar! Und du willst mir jetzt sagen, dass du dich drauf gestürzt hast und dass du keinen Hunger mehr hast?»

«Ja, ich gebe zu, dass ich mich nicht zurückhalten konnte! Sie hatten einen ganz tollen Geschmack und eine ebenso tolle Farbe, diese Bonbons, aber ich weiß nicht, was es war.»

«Nun denn, du hast *die* Spezialität der Region entdeckt: Bergamotte de Nancy. Vermutlich war es der Konditor oder der Zuckerbäcker eines lothringischen Herzogs, der im 18. oder 19. Jahrhundert die Bergamottefrucht aus dem Süden von Italien importiert und diese Bonbons kreiert hat. Meines Wissens werden sie nirgendwo anders hergestellt.»

«Ja, natürlich, der Geschmack von Earl-Grey-Tee!»

«Eigentlich ist es eine Frucht, die fast wie eine unreife Zitrone aussieht, aber einen ganz eigenen Geschmack hat, viel ausgeprägter als der der Zitrone oder Limette. Übrigens hast du da wieder so eine Absonderlichkeit der französischen Sprache: Die Frucht schreibt man mit einem ‹t›, das Bonbon mit zwei!»

«Dann hoffe ich nur, dass unser Essen in der Brasserie keine Enttäuschung wird, nach dieser Entdeckung! Zumal ich kein Bier mag, das hab ich dir ja schon gesagt.»

«Es zwingt dich doch niemand, Bier zu trinken! Ich bin sicher, dass du auf der Weinkarte etwas findest, das dich glücklich macht.»

«Wein in einer ‹Brasserie› – das ist doch eine Brauerei! Da bin ich aber platt!»

«O, natürlich, diese sprachliche Eigentümlichkeit habe ich dir in der Tat nicht erklärt: Ursprünglich war eine

rie est effectivement une fabrique de bière, industrielle ou artisanale. Mais aujourd'hui une brasserie est aussi un grand café-restaurant, où tu peux sans doute boire une bière ou même un coca-cola ou un whisky … mais où la plupart des consommateurs boivent du vin.

La cuisine française

Les voilà donc installés sur la terrasse de cette superbe brasserie de la place Stanislas, avec vue sur le château de l'ancien roi de Pologne devenu Duc de Lorraine. Pierre étudie la carte et propose à Katia de choisir un plat traditionnel …

– … quelque chose que tu ne trouveras sans doute pas facilement en Allemagne.

– Par exemple? Souviens-toi que j'ai déjà mangé de la quiche lorraine à Strasbourg!

– Regarde, c'est formidable: il y a même des cuisses de grenouilles; c'est de plus en plus rare, même en France les écolos protestent contre le massacre de ces petites bestioles gluantes et qui font tant de bruit au printemps. Mais je crois que je vais choisir les escargots.

– Oh, mais c'est dégoûtant! Berk! Un ami m'a raconté qu'il y a des tonnes d'ail dans le beurre d'escargots. Ça pue! Tu vas sentir l'ail pendant des jours et il faudra que je supporte ça tout le temps. Heureusement que nous faisons chambre à part!

Brasserie tatsächlich eine Brauerei, sei es eine Großbrauerei oder eine kleine Gasthausbrauerei. Aber heutzutage ist eine Brasserie auch ein Gasthaus oder ein großes Bistro, wo du sicher Bier trinken kannst oder sogar Cola oder Whisky ... wo die meisten Gäste aber Wein trinken.»

Die französische Küche

Nun haben sie sich also auf der Terrasse dieser wunderschönen Brasserie auf der Place Stanislas mit Blick auf das Schloss des ehemaligen Königs von Polen und späteren Herzogs von Lothringen niedergelassen. Pierre studiert die Karte und schlägt Katia vor, sich für ein typisch französisches Gericht zu entscheiden ...

«... etwas, was du vermutlich in Deutschland nicht leicht finden wirst.»

«Zum Beispiel? Erinnere dich, dass ich Quiche Lorraine schon in Straßburg gegessen habe!»

«Schau mal, ist das nicht wunderbar? Es gibt sogar Froschschenkel; die werden immer seltener, sogar in Frankreich protestieren die Grünen gegen das Massaker an diesen armen glitschigen Tierchen, die so viel Lärm machen im Frühjahr. Aber ich glaube, ich entscheide mich für die Schnecken.»

«Huch, das ist ja ekelhaft! Puuuh! Ein Freund hat mir erzählt, dass in die Schneckenbutter tonnenweise Knoblauch eingearbeitet wird. Das stinkt. Du wirst tagelang nach Knoblauch riechen und ich muss das dann die ganze Zeit ertragen. Zum Glück schlafen wir in getrennten Zimmern!»

– C'est très simple : tu choisis la même chose, tu sentiras l'ail aussi et tu ne le remarqueras même pas, ni chez toi ni chez moi.

– Tout, mais pas d'escargots !

– Non mais franchement, tu crois que sans ail la cuisine française serait ce qu'elle est ? Même les Alsaciens mettent de l'ail dans leur choucroute ! Tu n'as jamais protesté jusqu'à présent quand nous étions au restaurant, parce que tu n'as même pas remarqué qu'il y avait de l'ail dans presque tous les plats.

– Tu crois vraiment ou tu te moques de moi ?

– Mais pas du tout.

Et Pierre explique à Katia les secrets de l'ail : plus il est frais, moins il sent fort.

– Ce qui sent fort et qui est donc très désagréable à l'odeur mais aussi au goût, c'est le germe qui grossit dans les gousses quand elles vieillissent trop. Et de toute façon, il faut toujours couper les gousses dans le sens de la longueur et éliminer le germe, sauf si tu utilises des têtes d'ail qui viennent d'être récoltées !

Hilare, Katia remercie Pierre pour ce premier cours de cuisine. Un cours théorique bien sûr, mais elle exige de voir Pierre passer à l'action un de ces jours.

– Bon, écoute, je ne vais pas t'obliger à manger des escargots, mais tu ne vas pas m'empêcher d'en manger. Qu'est-ce que tu prendras, toi ?

– Si j'étais en Allemagne, je mangerais une pizza. Ou des pâtes.

– Dans ce cas il vaudrait mieux aller dans un res-

«Da gibt es eine ganz einfache Lösung: Du wählst das Gleiche, dann riechst du auch nach Knoblauch und wirst es nicht einmal merken, weder bei dir noch bei mir.»

«Alles, nur keine Schnecken!»

«Also jetzt mal ganz ehrlich, glaubst du denn, dass die französische Küche ohne Knoblauch das wäre, was sie ist? Sogar die Elsässer geben mittlerweile Knoblauch in ihr Sauerkraut! Bis jetzt hast du noch nie protestiert, wenn wir im Restaurant saßen, weil du nicht einmal gemerkt hast, dass in fast allen Gerichten Knoblauch ist.»

«Glaubst du das wirklich oder machst du dich lustig über mich?»

«Überhaupt nicht.»

Und Pierre verrät Katia die Geheimnisse des Knoblauchs: Je frischer er ist, desto weniger stark riecht er.

«Was besonders heftig und demzufolge unangenehm für die Nase wie auch für den Gaumen ist, das ist der Keim, der sich in den Knoblauchzehen bildet, wenn sie alt werden. Du musst sowieso immer die Zehen der Länge nach aufschneiden und den Keim herausnehmen, es sei denn, du verwendest ganz frisch geernteten Knoblauch.»

Katia lacht vergnügt und bedankt sich bei Pierre für diese erste Kochstunde. Eine theoretische natürlich, aber sie besteht darauf, Pierre demnächst mal in Aktion zu sehen.

«Also gut, ich werde dich nicht zwingen, Schnecken zu essen, aber du wirst mich nicht daran hindern, welche zu essen. Was nimmt du?»

«Wäre ich in Deutschland, würde ich jetzt eine Pizza essen. Oder Nudeln.»

«Dann sollten wir lieber in ein italienisches Restaurant

taurant italien, mais ils sont bien plus rares en France qu'en Allemagne.

– C'est vrai : chez nous il y en a à tous les coins de rues.

– Il y a quelque temps déjà, j'ai lu un article dans ‹ Le Monde › : le journaliste expliquait que le plat national allemand n'est plus le rôti comme c'était encore le cas il y a vingt ans, mais les *spaghetti bolognese*. Je te signale quand même au passage que les Italiens aussi aiment beaucoup l'ail. Tu n'as jamais mangé de *pasta aglio olio* à Munich ?

– Je sais, mais j'évite ! Au fait, c'est quoi le plat typiquement français ?

– Nous n'avons pas de plat national. Chaque région a ses spécialités, mais la particularité française, c'est « le repas gastronomique », la « haute cuisine » que l'Unesco a inscrite au rang du patrimoine culturel immatériel de l'humanité en 2010. « La cuisine c'est de la culture », affirment les grands chefs qui ont défendu le projet. Et ils ont eu gain de cause.

– La cuisine allemande avec ses rôtis et ses boulettes en tous genres n'est pas considérée comme faisant partie du patrimoine de l'humanité, elle n'est en tout cas pas un bien immatériel, il faut bien le reconnaître, et pourtant nous avons aussi quelques grands chefs étoilés en Allemagne. Tu sais que ma grand-mère défendait encore l'idée que la bonne cuisine ne pouvait se faire qu'au beurre et aux oignons, jamais à l'huile et surtout pas à l'ail.

– Et toi, tu cuisines au beurre ?

– Non, à l'huile bien sûr, à l'huile d'olive de pré-

gehen, aber die sind in Frankreich seltener als in Deutschland.»

«Das stimmt, bei uns gibt es Italiener an jeder Straßenecke.»

«Ich habe mal einen Artikel in ‹Le Monde› gelesen, es ist allerdings schon eine Weile her. Der Journalist erklärte, dass das deutsche Nationalgericht keineswegs mehr der Braten sei, wie noch vor zwanzig Jahren, sondern *Spaghetti bolognese*. Ich möchte dich nebenbei darauf aufmerksam machen, dass die Italiener auch sehr gern Knoblauch essen. Hast du denn in München noch nie eine *Pasta aglio olio* gegessen?»

«Ich weiß schon, aber ich vermeide es. Aber sag mal, was ist denn das typische französische Nationalgericht?»

«Das gibt es bei uns nicht. Jede Region hat ihre Spezialitäten, aber die französische Besonderheit ist das ‹edle Essen›, das *repas gastronomique* der sogenannten Haute Cuisine, die 2010 von der UNESCO in die Liste des immateriellen Weltkulturerbes aufgenommen wurde. ‹Küche ist gleich Kultur›, sagen die berühmten Küchenchefs, die das Projekt damals verteidigt haben. Und man hat ihnen recht gegeben.»

«Die deutsche Küche mit ihren Braten und allen möglichen Knödeln ist kein Kulturgut der Menschheit, schon gar kein immaterielles, das muss man schon zugeben; aber wir haben auch ein paar Sterneköche in Deutschland. Weißt du, dass meine Großmutter noch behauptete, gute Küche könne nur mit Butter und Zwiebeln entstehen, nie mit Öl und schon gar nicht mit Knoblauch?»

«Und du? Kochst du mit Butter?»

«Nein, mit Öl natürlich, am liebsten mit Olivenöl.

férence. La cuisine d'inspiration méditerranéenne a toute de même fait son entrée en Allemagne. D'abord parce qu'elle est plus saine à ce qu'on dit.

– Eh bien regarde : il y a des aubergines farcies sur la carte. Ça te dirait?

– Oh chouette, c'est ce que je vais prendre ! À propos : ma grand-mère ne connaissait pas l'aubergine, ce légume était inexistant en Bavière. Heureusement que ça a changé !

Et Pierre hoche la tête parce qu'il vient de se souvenir de sa grand-mère à lui.

– Il y a quelques années ma grand-mère à moi a fait un voyage organisé en Bavière avec les séniors de son quartier. Et tu sais ce qu'elle et ses amies ont rapporté de Munich? Devine !

– Des saucisses blanches bien sûr !

– Pas du tout. Chacune d'elles avait une cocotte minute dans ses bagages.

– Tu ne vas pas me dire que ça n'existe pas en France?

– Si, bien sûr que ça existe, mais ma grand-mère prétend que les cocottes allemandes sont de bien meilleure qualité. Elles fonctionnent beaucoup mieux, elles font moins de bruit et elles sont beaucoup plus durables.

– Là encore tu vois que nous sommes complémentaires : la haute technologie allemande au service de la haute cuisine française !

Et ce soir-là, Katia et Pierre se régalent une fois de plus.

– Je sens que d'ici la fin du voyage tu te seras convertie à l'ail – et nous ne serons plus obligés de faire chambre à part !

Die sogenannte mediterrane Küche hat auch in Deutschland Einzug gehalten. Sie wird auch als die gesündere propagiert.»

«Dann schau mal: Auf der Karte werden gefüllte Auberginen angeboten. Würde dir das zusagen?»

«Oh, klasse, die nehme ich! Apropos Auberginen: Meine Großmutter kannte die nicht, die gab's zu ihrer Zeit in Bayern noch nicht. Zum Glück hat sich das geändert!»

Pierre nickt bedächtig, weil er sich eben an seine eigene Großmutter erinnert.

«Vor ein paar Jahren hat *meine* Großmutter mit dem Seniorenverein ihres Viertels eine Reise nach Bayern gemacht. Und weißt du, was sie und ihre Freundinnen aus München mitgebracht haben? Rate mal!»

«Weißwürste natürlich!»

«Von wegen. Jede hatte einen Schnellkochtopf in ihrem Gepäck.»

«Du wirst doch nicht behaupten, dass es so was in Frankreich nicht gibt?»

«Natürlich gibt es das, aber meine Großmutter behauptet, deutsche Schnellkochtöpfe seien viel besser als die französischen. Sie würden besser funktionieren, seien weniger laut und außerdem viel haltbarer!»

«Da siehst du einmal mehr, dass wir uns ergänzen: Die ausgeklügelte deutsche Technologie im Dienste der französischen Haute Cuisine!»

Und wieder einmal lassen es sich Pierre und Katia an diesem Abend schmecken.

«Ich sehe schon, am Ende dieser Reise wirst du noch zum Knoblauchfan! Dann brauchen wir auch nicht mehr in getrennten Zimmern zu schlafen!»

L'École de Nancy : la grande époque de l'art nouveau en France

Le lendemain, Katia déclare sur le ton de la plaisanterie :

– Tu vas finir par me détester !

– Oh, je te vois venir : C'est l'heure d'aller au musée ! répond Pierre d'un ton amusé.

Katia est rassurée, elle sent qu'il est de bonne humeur.

– Je vais te faire une confidence, Katia : j'ai très envie d'aller voir le musée de l'École de Nancy … en souvenir de ma grand-mère.

– Ah bon ? Vive les grand-mères ! Raconte !

– Ma grand-mère avait un chat qu'elle aimait par-dessus tout.

– Un chat ? Mais quel rapport avec l'École de Nancy ?

– Oui, un chat, et qui s'appelait Casimir. Mais elle avait aussi un vase, qui pour elle était un objet-culte. Quand j'étais petit elle parlait souvent de « son Gallé ». Longtemps je me suis demandé sur quelle plage elle l'avait ramassé, ce *galet*.

– Et Casimir dans cette histoire ?

– Eh bien, apparemment Casimir détestait le fameux vase : un jour il s'est débrouillé pour le faire tomber et il s'est cassé en mille morceaux. Tu imagines la scène ? Ma grand-mère ne s'en est jamais remise.

– Et elle a viré Casimir ?

– Bien sûr que non, elle l'aimait trop, mais chaque fois qu'il faisait une bêtise elle le grondait,

Die Schule von Nancy: die große Zeit des französischen Jugendstils

Am folgenden Tag erklärt Katia dann in scherzhaftem Ton:

«Du wirst mich bald hassen!»

«Oh, ich weiß schon, worauf das hinausläuft: Es ist Zeit zum Museumsbesuch», antwortet Pierre und schmunzelt.

Katia ist beruhigt, sie spürt, dass er guter Laune ist.

«Ich werde dir ein Geständnis machen, Katia: Ich habe richtig Lust auf das Jugendstilmuseum von Nancy ... in Erinnerung an meine Großmutter.»

«Aha! Es leben die Großmütter! Erzähl!»

«Meine Großmutter hatte eine Katze, die sie über alles liebte.»

«Eine Katze? Aber was hat das mit der Schule von Nancy zu tun?»

«Ja, ein Kater, und der hieß Casimir. Aber sie hatte auch eine Vase, die für sie ein Kultobjekt war. Als ich klein war, redete sie oft von ‹ihrem Gallé›. Lange habe ich mich gefragt, auf welchem Strand sie diesen *galet*, diesen Kieselstein aufgelesen hatte.»

«Und was hat Casimir mit dieser Geschichte zu tun?»

«Nun, offenbar hat Casimir diese Vase gehasst. Eines Tages hat er sie umgeschmissen. Sie fiel auf den Boden und zerbrach in tausend Stücke. Kannst du dir die Szene vorstellen? Meine Großmutter ist nie darüber hinweggekommen.»

«Und dann hat sie ihren Casimir rausgeschmissen?»

«Natürlich nicht, dafür liebte sie ihn zu sehr. Aber jedes Mal, wenn er eine Dummheit machte, schimpfte

lui disait qu'il était un monstre et lui reprochait d'avoir « assassiné son Gallé ».

– On peut se demander pourquoi elle n'a pas appelé son chat Émile !

– C'est vrai. Mais c'est drôle de voir à quel point certains souvenirs nous marquent.

– Tu as raison. Moi, ce qui me fascine dans l'Art nouveau de Nancy, c'est l'aspect historique.

– Tu es une intello, toi ! Moi je ne suis pas encore sorti de l'enfance réplique Pierre en riant.

– Moi non plus, mais moi ce sont les histoires qui tournent autour de l'amitié franco-allemande qui m'ont marquée. Combien de fois ma grand-mère ne m'a-t-elle pas parlé de la rencontre d'Adenauer et de de Gaulle à Reims en 1962. Elle en parlait comme si elle y avait assisté en personne.

– Excuse-moi, mais quel rapport avec l'École de Nancy ?

– C'est vrai, je divague … Mais beaucoup d'Alsaciens ont émigré après l'annexion de l'Alsace et d'une partie de la Lorraine en 1871 : de riches industriels, des intellectuels, des artistes, des architectes et j'en passe. Or Nancy était la ville française la plus proche. Je crois que l'histoire de l'École de Nancy est très étroitement liée à celle des « ennemis héréditaires »… qui, moins d'un siècle plus tard, sont devenus des amis héréditaires : toi et moi, nous en sommes la meilleure illustration !

– Alors vite ! Allons au musée de l'École de Nancy. S'il y a des visites guidées, nous en apprendrons sûrement beaucoup plus sur Émile Gallé et ses col-

sie mit ihm, sie sagte, er sei ein Monster, er habe ‹ihren Gallé umgebracht›.»

«Man fragt sich, warum sie ihren Kater nicht Émile genannt hat!»

«Ja, wirklich. Aber es ist schon komisch, wie sehr manche Erinnerungen einen prägen.»

«Du hast recht. Was mich am Jugendstil der Schule von Nancy fasziniert, das ist der historische Aspekt.»

«Du bist halt eine Intellektuelle. Ich stecke noch in den Kinderschuhen», erwidert Pierre und lacht.

«Ich auch, aber bei mir sind es die Geschichten, die mit der deutsch-französischen Freundschaft zusammenhängen; die haben mich geprägt. Wie oft hat mir meine Großmutter von der Begegnung von Adenauer und de Gaulle in Reims im Jahre 1962 erzählt! Sie sprach davon, als ob sie selbst dabeigewesen wäre.»

«Entschuldige, aber was hat denn das mit dem Jugendstil von Nancy zu tun?»

«Stimmt, ich rede ungereimtes Zeug … Aber als 1871 das Elsass und ein Teil von Lothringen annektiert wurden, sind viele Elsässer emigriert, reiche Industrielle, Intellektuelle, Künstler, Architekten und so weiter. Und Nancy war eben die am nächsten gelegene französische Stadt. Ich bin überzeugt, dass die Geschichte der Schule von Nancy in enger Verbindung mit der Geschichte der beiden ‹Erbfeinde› steht … die weniger als ein Jahrhundert später zu ‹Erbfreunden› geworden sind. Du und ich, wir sind das beste Beispiel!»

«Also los! Auf geht's zum Musée de l'École de Nancy. Wenn es Führungen gibt, werden wir sicher noch viel mehr erfahren über Émile Gallé und seine Kollegen

lègues Louis Majorelle, Antonin Daum ou Eugène Vallin, tous ces maîtres du design de meubles, d'architecture intérieure et de l'art du verre !

En route pour Paris

Prendre de l'essence

Pierre et Katia poursuivent donc leur périple en direction de Paris.

– Si nous continuons à ce rythme, nous n'arriverons jamais à boucler notre voyage en trois semaines. Il nous faudra prendre trois mois de congé au moins, déclare Pierre.

– Ça ne me déplairaît pas, mais je crois qu'il faut être sérieux, n'est-ce pas? Alors prenons l'autoroute !

– Oui, mais n'oublions pas de prendre de l'essence avant : c'est beaucoup plus cher dans les stations-service sur l'autoroute, jusqu'à 20 centimes de plus le litre.

– Tout comme chez nous en Allemagne.

Peu après cet échange, Pierre s'engage sur le parking d'un hypermarché à la périphérie de Nancy. La station-service est visible de loin et les prix sont affichés en grand. Heureusement il n'y a pas trop de monde et ils ne font pas la queue avant d'accéder à la pompe. À la grande surprise de Katia, il n'y a pas de personnel du tout, pas de pompiste bien sûr, mais il n'y a pas même de caisse à la sortie. Il n'y a donc pas d'autre solution que de payer par carte.

– J'ai vraiment l'impression qu'en France on est

Louis Majorelle, Antonin Daum oder Eugène Vallin, diese Meister des Möbeldesigns, der Innenarchitektur und der Glaskunst ! »

Auf dem Weg nach Paris

Tanken

Nun setzen Pierre und Katia ihre Reise fort in Richtung Paris.

« Wenn wir in diesem Tempo weitermachen, werden wir unsere Rundreise nie und nimmer in drei Wochen abschließen. Dann müssen wir mindestens drei Monate Urlaub nehmen », erklärt Pierre.

« Ich hätte nichts dagegen, aber ich glaube, wir sollten vernünftig sein, oder? Also, nehmen wir die Autobahn ! »

« Ja, aber wir sollten nicht vergessen, vorher noch zu tanken. An den Tankstellen auf der Autobahn ist das Benzin sehr viel teurer, bis zu 20 Cent zusätzlich pro Liter. »

« Genau wie bei uns in Deutschland. »

Kurz darauf biegt Pierre auf den Parkplatz eines *hypermarché,* eines Riesensupermarkts am Stadtrand von Nancy ab. Die Tankstelle ist von Weitem sichtbar und die Preise sind deutlich ausgeschildert. Zum Glück ist nicht allzu viel los und sie müssen nicht anstehen, um an eine Zapfsäule zu kommen. Zu Katias großem Erstaunen gibt es da überhaupt kein Personal, keinen Tankwart, natürlich, aber es gibt nicht einmal eine Kasse am Ausgang. Es gibt also auch keine andere Möglichkeit, als mit Karte zu bezahlen.

« Ich habe wirklich den Eindruck, dass man in Frank-

beaucoup plus dépendant de sa carte bancaire que chez nous ! Il me semble que les Allemands s'en servent beaucoup moins. Il y a quelques jours, dans la petite supérette du coin à Strasbourg, j'ai observé que la jeune femme juste devant moi à la caisse a réglé une facture de cinq euros et quelques centimes par carte de crédit. En Allemagne c'est impensable, dans un magasin de ce genre ça ne marcherait pas pour une aussi petite somme.

– Tu as sans doute raison; mais avoue que c'est tout de même bien pratique. Et si quelqu'un te vole ton sac à main, c'est moins douloureux si tu as juste 30 ou 40 euros en liquide dans ton porte-monnaie que si tu en as 300 ou 400 ! Et – toujours dans le cas d'un vol à l'arrachée – la carte bancaire peut être bloquée immédiatement, il suffit d'appeler ta banque ou encore un numéro spécial, joignable 24 heures sur 24, d'une institution qui s'appelle « card stop ».

– Peut-être bien ! Mais franchement, je préfère payer en liquide.

– Allez, viens Katia, je vais te montrer comment ça marche, le paiement par carte à la station-service. C'est très simple : il suffit de suivre les instructions qui s'affichent sur le petit écran :

1. Insérez votre carte
2. Patientez
3. Choisissez votre carburant
4. Patientez
5. Composez votre code confidentiel
6. Validez

reich viel mehr von seiner Kreditkarte abhängig ist als bei uns. Mir scheint, die Deutschen benutzen sie viel weniger. Vor ein paar Tagen habe ich in Straßburg in dem kleinen Lebensmittelladen an der Ecke mitbekommen, wie die junge Frau direkt vor mir an der Kasse eine Rechnung von fünf Euro und ein paar Cents mit Kreditkarte bezahlt hat. In solch einem Geschäft wäre das in Deutschland bei so kleinen Beträgen undenkbar.»

«Du hast sicher recht; aber gib zu, es ist doch sehr praktisch. Und wenn dir jemand deine Handtasche klaut, ist es doch weit weniger schmerzhaft, wenn du in deinem Portemonnaie nur dreißig oder vierzig Euro Bargeld hast, als wenn es drei- oder vierhundert sind! Und wenn dir deine Tasche weggerissen wird, dann kannst du deine Kreditkarte sofort sperren lassen, du brauchst nur deine Bank anzurufen oder eine Spezialnummer, die vierundzwanzig Stunden erreichbar ist, die Institution nennt sich ‹card stop›.»

«Ja, mag schon sein. Aber ganz ehrlich, ich zahle lieber mit Bargeld.»

«Los, Katia, jetzt zeig ich dir, wie das funktioniert mit der Kartenzahlung an der Tankstelle. Es ist ganz einfach, man muss nur genau das tun, was auf dem kleinen Bildschirm verlangt wird:»

1. Führen Sie Ihre Karte ein
2. Gedulden Sie sich
3. Wählen Sie Ihren Treibstoff
4. Gedulden Sie sich
5. Geben Sie Ihre Geheimnummer ein
6. Bestätigen Sie

7. Code bon
8. Voulez-vous un ticket? Oui/Non
9. Retirez votre carte
10. Vous pouvez vous servir en carburant.
    Somme maximale: 128 €

Et Pierre fait le plein d'essence. Toute la procédure ne dure que quelques minutes.

– Tu as raison, Pierre, c'est très simple. Mais ces machines ne parlent malheureusement que le français !

Cette fois ils prennent la direction de l'autoroute. Ils aimeraient arriver à Paris avant la nuit.

Sur l'autoroute

Les toilettes publiques

Les autoroutes française: voilà encore une découverte pour Katia. Après le premier péage où ils ont simplement pris un ticket, Katia signale à Pierre qu'il faudrait s'arrêter bientôt:

– J'ai bu trop de café et de jus de fruit au petit-déjeuner ... J'aimerais que tu t'arrêtes dès que possible. Tu veux bien?

– Pas de problème. Comme nous avons fait le plein tout à l'heure, nous allons éviter les aires de service. Les aires de repos sont bien plus agréables: c'est plus calme, il y a beaucoup moins de monde.

– C'est quoi, la différence?

– Oh, c'est comme en Allemagne, il me semble: sur les aires de repos il n'y a pas de station-ser-

7. Geheimnummer korrekt
8. Brauchen Sie eine Quittung? Ja / Nein
9. Nehmen Sie Ihre Karte heraus
10. Sie können sich jetzt bedienen,
    für maximal 128 €

Und Pierre tankt den Wagen voll. Die ganze Prozedur dauert nur wenige Minuten.

«Du hast recht, Pierre, es ist alles ganz einfach. Aber die Maschinen sprechen leider nur Französisch!

Und nun fahren sie Richtung Autobahn. Sie würden gerne vor Einbruch der Dunkelheit in Paris ankommen.

Auf der Autobahn

Die öffentlichen Toiletten

Die französischen Autobahnen: auch das wieder eine neue Entdeckung für Katia. Nach der ersten Mautstelle, wo es nur darum ging, ein Ticket zu ziehen, bedeutet Katia Pierre, dass sie demnächst einen Halt benötigt.

«Ich habe beim Frühstück zu viel Kaffee und Saft getrunken ... Könntest du so bald wie möglich mal anhalten, bitte?»

«Kein Problem. Da wir vorhin vollgetankt haben, können wir die Tankstellen umgehen. Die Rastplätze sind weitaus angenehmer: Dort geht es ruhiger zu, da sind viel weniger Leute.»

«Was ist eigentlich der Unterschied?»

«Das ist wie in Deutschland, scheint mir: Auf den Rastplätzen gibt es keine Tankstellen, du kannst also

vice et tu ne peux donc y acheter ni sandwich, ni boissons, ni chewing-gum. Il n'y a que des toilettes et des bancs pour piqueniquer, c'est tout.

Une vingtaine de kilomètres plus loin ils voient un panneau annonçant ce qu'ils cherchent. Pierre met son clignotant et ralentit, puis il s'engage sur le parking de l'aire de repos.

– C'est vrai, il n'y a qu'une seule voiture garée là. C'est inimaginable sur une autoroute allemande, on se croirait à la campagne !

– Oui, mais attention, tu vas découvrir ici quelque chose qu'on ne connait pas en Allemagne, je crois.

– Ne te moque pas de moi, Pierre ! Tu sais bien que nous aussi, nous avons des toilettes pour hommes et des toilettes pour femmes !

– Oui, et même des toilettes pour handicapés. Mais tu vas voir qu'il y a une chose que vous n'avez pas : ce que nous appelons les WC à la turque !

– À la turque ?

– Si tu veux une explication précise, il faudra faire des recherches sur internet. Je ne crois pas que nous devons nos toilettes publiques à une invasion turque. Mais vas voir par toi-même ! Ce sont des toilettes sans cuvette, il y a juste une dalle en faïence par terre avec un trou au milieu.

– Et pas de chasse d'eau ?

– Si, bien sûr. Pour nous, les hommes, ce n'est pas vraiment un problème, nous avons l'habitude de pisser debout et même de viser juste. Mais pour vous, les femmes, ce n'est pas très confortable : il faut faire vos besoins accroupies et le plus souvent vous vous éclaboussez les jambes jusqu'aux genoux !

weder Sandwich noch Cola noch Kaugummi kaufen. Da gibt es nur Klos und Bänke fürs Picknick, sonst nichts. »

Etwa zwanzig Kilometer weiter sehen sie ein Schild, das das Gesuchte ankündigt. Pierre betätigt seinen Blinker und fährt langsamer, dann biegt er auf den Rastplatz ab.

« Tatsächlich, da steht nur ein einziges Auto ! Das wäre auf einer deutschen Autobahn unvorstellbar; man hat das Gefühl, man sei auf dem Land ! »

« Ja, aber Vorsicht. Du wirst hier etwas entdecken, was man in Deutschland nicht kennt, glaube ich. »

« Mach dich nicht lustig über mich, Pierre ! Du weißt genau, dass auch wir getrennte Damen- und Herrentoiletten haben. »

« Ja, und ihr habt sogar Toiletten für Behinderte, genau wie wir. Aber du wirst sehen, es gibt etwas, das habt ihr in Deutschland nicht: das, was wir ‹ türkische Klos › nennen. »

« Türkische Klos ? »

« Wenn du eine genaue Erklärung willst, musst du im Internet nachschauen. Ich glaube nicht, dass wir die öffentlichen Toiletten einer türkischen Invasion zu verdanken haben. Aber das musst du selbst eruieren. Es sind jedenfalls Stehklos, Klos ohne Schüssel; da gibt es nur eine Porzellaneinlassung im Boden, mit einem Loch in der Mitte. »

« Und keine Wasserspülung ? »

« Doch, schon. Für uns Männer ist das überhaupt kein Problem, wir sind es gewöhnt, im Stehen zu pinkeln und sogar richtig zu zielen. Aber für euch Frauen ist das nicht sehr komfortabel. Ihr müsst in die Hocke gehen und meistens verspritzt ihr euch dann die Beine bis hoch zum Knie ! »

– Aïe ! Tu aurais dû me dire ça avant. Si j'avais su, je t'aurais demandé de t'arrêter plutôt à une aire de service.

– Non, attends ! Il y a une alternative. Regarde : d'un côté de cette petite bâtisse il y a les toilettes pour hommes, de l'autre côté celles pour femmes, et entre les deux, il y a les toilettes pour personnes handicapées, accessibles en fauteuil roulant, avec une porte très large. L'espace y est beaucoup plus grand et pour des raisons qu'on peut imaginer, il y a bel et bien une cuvette. Je sais que vous, les Allemands, vous êtes très respectueux de l'ordre public, mais ne t'inquiète pas, tu vois bien qu'il n'y a personne : tu vas aller chez les handicapés. Même le lavabo y est plus confortable.

Après avoir jeté un coup d'œil dans les toilettes « normales », Katia suit les conseils avisés de Pierre. Ce n'est pas le grand luxe, mais il y a même une petite musique de fond ... sans doute pour couvrir les bruits inélégants de certains usagers pressés !

– Alors, tu as survécu ? s'amuse Pierre lorsqu'il voit Katia réapparaître.

– Grâce à tes conseils judicieux, oui, merci Pierre. Quand je serai de retour en Allemagne, je raconterai aux copains que les Français ont apparemment une manie très bizarre : ils volent les cuvettes des WC publics ! Peut-être y a-t-il des collectionneurs de cuvettes de WC comme il y a des collectionneurs de timbres ou de poupées Barbie !

Et dans un éclat de rire ils remontent en voiture et reprennent la route.

«Hui, das hättest du mir vorher sagen sollen. Wenn ich das gewusst hätte, hätte ich dich gebeten, an einer Tankstelle anzuhalten.»

«Nein, warte, es gibt einen Ausweg, schau mal: Auf der einen Seite dieses Häuschens gibt es ein Herrenklo, auf der anderen ein Damenklo, aber dazwischen ist ein Klo für Behinderte, mit breiter Tür, damit man auch mit dem Rollstuhl reinkommt. Der Raum ist viel größer, und aus Gründen, die man sich vorstellen kann, gibt es da doch tatsächlich eine ganz normale Kloschüssel. Ich weiß, dass ihr Deutschen gern Anordnungen folgt, aber mach dir keine Sorgen, du siehst ja, hier ist niemand. Du gehst also ins Behindertenklo. Sogar das Waschbecken ist da komfortabler.»

Nachdem Katia einen Blick in die «normalen» Klos geworfen hat, folgt sie dem klugen Ratschlag von Pierre. Sehr luxuriös ist das auch nicht, aber es gibt sogar leise Hintergrundmusik ... vermutlich, um die unschönen Geräusche der Benutzer zu übertönen, die es besonders eilig haben.

«Na? Hast du überlebt?», amüsiert sich Pierre, als Katia wieder auftaucht.

«Dank deines weisen Rats, ja. Danke, Pierre. Wenn ich zurückkomme nach Deutschland, werde ich meinen Freunden erzählen, dass die Franzosen offenbar eine ganz komische Leidenschaft haben: Sie klauen die Kloschüsseln der öffentlichen Toiletten! Vielleicht gibt es ja tatsächlich Kloschüsselsammler, so wie es Briefmarken- oder Barbiepuppensammler gibt!»

Mit Riesengelächter steigen sie wieder ein und fahren weiter.

La circulation

Katia ne cesse de s'étonner du peu de circulation sur les autoroutes françaises. Jamais elle n'a vu d'autoroutes aussi désertes en Allemagne, même pas la nuit. Celles qu'elle prend en partant de Munich, que ce soit vers le nord ou vers le sud, sont toujours bondées, il faut toujours s'attendre à se retrouver dans des bouchons. Les limitations de vitesse y sont rares, mais de toute façon, elles seraient inutiles puisque même avec une grosse cylindrée on n'avance pas plus vite. Et tous ces poids lourds qui font la course !

Pierre rappelle à Katia que la France a nettement moins d'habitants que l'Allemagne (moins de 65 millions contre près de 83 millions), et que sa surface est presque le double de celle de l'Allemagne (643 801 km^2 contre 357 376 km^2). Et puis l'Allemagne est un lieu de passage pour les transports de marchandise du nord au sud, d'ouest en est et inversement.

– C'est vrai, dit Katia. Et à cela viennent s'ajouter les hordes de vacanciers. En juillet et en août, c'est le chaos total. Tu ne peux pas imaginer ça !

– Oh si, répond Pierre.

– Tu crois que c'est la raison pour laquelle si peu de touristes français viennent en Allemagne ? Chez nous il y a un peu de tout, nous entendons toutes sortes de langues, mais très peu de français.

– Ce n'est sûrement pas la raison ! Parce que nous connaissons ça nous aussi. Sur les autoroutes du sud, l'A 7 en particulier. À la même époque qu'en Allemagne, les hordes de touristes envahissent la France, les pires sont ceux qui ne font que passer pour aller

Der Verkehr

Katia wundert sich sehr über den geringen Verkehr auf den französischen Autobahnen. Nie hat sie in Deutschland so leere Autobahnen erlebt, nicht einmal nachts. Diejenigen, auf denen sie von München aus fährt, ob in den Süden oder in den Norden, sind dicht befahren, immer muss man mit Staus rechnen. Geschwindigkeitsbegrenzungen gibt es zwar nur selten, aber die wären ohnehin überflüssig, selbst in dicken Autos mit vielen PS kommt man nicht schneller voran. Und dazu noch haufenweise LKWs, die sich gerne mal ein Rennen liefern!

Pierre erinnert Katja daran, dass Frankreich weniger Einwohner als Deutschland hat (weniger als 65 Millionen gegenüber knapp 83 Millionen) und flächenmäßig fast doppelt so groß ist (643 861 km² gegenüber 357 376 km²). Außerdem ist Deutschland Durchgangsland für den Gütertransport von Nord nach Süd und von West nach Ost und umgekehrt.

«Stimmt», sagt Katia. «Und dazu kommen dann noch die Horden von Urlaubern. Im Juli und im August ist es das reine Chaos. Das kannst du dir gar nicht vorstellen!»

«Oh doch», antwortet Pierre.

«Glaubst du, das ist der Grund, weshalb so wenige französische Touristen nach Deutschland kommen? Bei uns gibt es alle möglichen Touristen, man hört wer weiß wie viele Sprachen, aber vergleichsweise wenig Französisch.»

«Aber das ist bestimmt nicht der eigentliche Grund! Denn wir kennen das doch auch. Auf den Autobahnen Richtung Süden, insbesondere auf der A 7. Zur gleichen Zeit wie in Deutschland überfallen Horden von Touristen Frankreich, die schlimmsten sind die, die nur durchfahren

en Espagne. Si j'ai un conseil à te donner, au cas où tu aurais envie de revenir bientôt : ne circule jamais sur l'autoroute du sud autour du 1er août !

– Ne t'inquiète pas, je préfère de loin venir hors saison. Au mois d'octobre peut-être.

– Ah ! répond Pierre en riant, c'est vrai ! Tu m'as dit que tu n'aimais pas la bière. Tu sais que de nombreux Français qui ne connaissent rien à l'Allemagne ne savent citer qu'un seul événement « culturel » allemand : la fête de la bière à Munich. Mais je n'insisterai pas pour venir te voir à ce moment-là, sois sans crainte. Tu as bien vu ces derniers jours que je préfère de loin le bon vin !

À ces mots, Pierre ralentit soudain. Katia, qui n'a pas vraiment fait attention à la route, est étonnée :

– Qu'est-ce qui se passe ? Tu as roulé trop vite ? Tu as vu des flics ? Tu as peur d'un contrôle de vitesse ? Ou d'un test d'alcoolémie ? Tu n'as pourtant pas bu de vin ce matin !

– Mais non, Katia, nous approchons d'un péage, voyons !

Elle fouille dans son sac pour en extirper son porte-monnaie. Mais d'un signe Pierre lui dit de le ranger.

– Comme aux stations-service, personne ne paye plus en liquide, c'est bien trop compliqué ; ça demanderait bien plus de personnel sur les autoroutes …

– Heureusement que nous n'avons pas de péages en Allemagne, sinon nous aurions encore plus de chaos et de bouchons sur nos autoroutes.

– Ou moins de circulation, qui sait !

Richtung Spanien. Wenn ich dir einen guten Rat geben darf, falls du bald einmal wiederkommen möchtest: Fahre nie um den 1. August herum auf der A 7! »

« Keine Sorge, ich komme viel lieber außerhalb der Saison. Im Oktober vielleicht. »

« Ach so! », antwortet Pierre lachelnd. « Du sagtest ja, dass du kein Bier magst! Du weißt schon, dass Franzosen, die sonst nichts von Deutschland wissen, nur dieses eine deutsche Kulturevent nennen können: das Oktoberfest in München. Aber keine Sorge, ich werde nicht drauf bestehen, dich zu diesem Zeitpunkt zu besuchen. Du hast doch in den letzten Tagen bemerkt, dass mir guter Wein bei Weitem lieber ist! »

Bei diesen Worten fährt Pierre plötzlich langsamer. Katia, die nicht wirklich auf die Straße geachtet hat, wundert sich:

« Was ist los? Bist du zu schnell gefahren? Hast du Polizei gesehen? Hast du Angst vor einer Geschwindigkeitskontrolle, oder vor einem Alkoholtest? Du hast doch heute morgen noch keinen Wein getrunken! »

« Aber nein, Katia, wir nähern uns doch einer Mautstelle! »

Sie kramt in ihrer Tasche und sucht nach ihrer Geldbörse. Aber Pierre winkt ab.

« Das ist wie bei den Tankstellen, auch hier zahlt niemand mehr bar, das ist zu aufwendig. Da bräuchte man viel mehr Personal auf den Autobahnen ... »

« Zum Glück gibt es in Deutschland keine Mautstellen, sonst gäbe es noch viel mehr Chaos und Staus auf unseren Autobahnen. »

« Oder weniger Verkehr, wer weiß! »

Le Champagne?

– Dis-moi, Pierre, j'ai l'impression que nous ne passons pas très loin de la Champagne. Est-ce que tu as l'intention de t'y arrêter?

– Non, pourquoi? Tu aurais envie d'y aller?

– C'est la région viticole la plus célèbre de France !

– Peut-être bien. Mais … les paysages sont franchement ennuyeux ! Je suppose que tu t'imagines qu'on peut y boire du champagne un peu partout pour trois fois rien. Eh bien tu te trompes.

– Dommage. J'adore le champagne.

– Tu ne me l'avais pas dis. Mais tu parles vraiment de champagne? Tu ne penses pas au crémant ou au blanc de blanc? Ou au mousseux?

– C'est quoi la différence?

– Pour le champagne, il s'agit d'une appellation contrôlée, nous en avons déjà parlé, je crois. Il est fabriqué selon des méthodes traditionelles champenoises et seuls les vins vinifiés selon ces méthodes et provenant du vignoble champenois obtiennent l'appellation « champagne ». Tout le reste, ce sont des vins mousseux, je crois que c'est ce que vous appelez « Sekt » en Allemagne.

– C'est vrai que je ne sais probablement pas vraiment faire la différence. J'aime aussi le crémant – il me semble que nous en avons bu une fois en Alsace. Mais c'est curieux : chaque pays a ses habitudes, les Anglais parlent toujours de « champagne », quelle que soit la provenance !

– Eh oui, il arrive que les pauvres Anglais, quand ils viennent en France, commandent une bouteille

Champagner?

« Sag mal Pierre, ich habe das Gefühl, wir sind nicht weit entfernt von der Champagne. Hast du vor, da anzuhalten? »

« Nein, warum? Würdest du gerne? »

« Es ist doch die berühmteste Weingegend in Frankreich! »

« Mag sein. Aber ehrlich … die Landschaft ist furchtbar langweilig. Ich nehme an, du hast die Vorstellung, man könnte da überall Champagner trinken, für nichts und wieder nichts. Aber du irrst. »

« Schade. Ich liebe Champagner. »

« Das hattest du mir noch nicht verraten. Aber redest du auch wirklich von Champagner? Meinst du nicht etwa Crémant oder Blanc de Blanc. Oder Mousseux? »

« Was ist denn der Unterschied? »

« Beim Champagner handelt es sich um eine geschützte Herkunftsbezeichnung, wir haben darüber schon gesprochen. Er wird nach den traditionellen Methoden der Champagne hergestellt, und nur Weine aus den Weinbergen der Champagne, die nach diesen Methoden ausgebaut wurden, erhalten die Bezeichnung ‹ Champagner ›. Alles andere sind Schaumweine, das, was ihr in Deutschland Sekt nennt, glaube ich. »

« Wahrscheinlich kann ich den Unterschied tatsächlich nicht schmecken. Den Crémant mag ich auch gerne – ich meine, wir haben im Elsass Crémant getrunken. Aber es ist schon sonderbar, jedes Land hat seine Eigenheiten. Die Engländer zum Beispiel reden immer von Champagner, egal wo der Schaumwein herkommt! »

« Jaja, es kommt schon mal vor, dass sie eine Flasche Champagner bestellen, wenn sie nach Frankreich kommen,

de champagne et croient boire un vin mousseux. Et ils sont sidérés quand arrive l'addition !

– Ça arrive même aux Américains quand ils viennent en Allemagne.

– Ça ne m'étonne pas. J'ai une collègue anglaise qui achète toujours des vins mousseux très bon marché quand elle vient en France ; on en trouve à cinq euros ou même moins dans les supermarchés. Et quand elle sert ça à ses amis ou à sa famille, tout le monde est ravi de boire du « champagne ».

– Tu sais quoi ? Ce soir au restaurant, nous allons nous offrir une bouteille de crémant, tu veux bien ?

– Excellente idée. Et à la fin du voyage … ce sera du champagne, du vrai !

Le séjour à Paris

– Dis-moi, Katia, qu'est-ce que tu aimerais entreprendre à Paris ?

– Avant d'établir un programme, il serait peut-être judicieux de choisir un hôtel, tu ne crois pas ?

Ne t'inquiète pas, je m'en suis occupé ! Je connais un petit hôtel tout à fait charmant dans le 17e arrondissement. Il y a même un jardin où on peut prendre le petit-déjeuner quand il fait beau. Tu vas voir, c'est très original, et le quartier est joli sans être trop huppé. Comme je n'ai pas pu m'endormir tout de suite hier soir, j'ai appelé et j'ai réservé deux chambres.

sie glauben Sekt zu trinken und sind völlig von den Socken, wenn die Rechnung kommt! »

« Das passiert sogar den Amerikanern, wenn sie nach Deutschland kommen. »

« Das wundert mich nicht. Ich habe übrigens eine englische Kollegin, die sich immer mit ganz billigen Schaumweinen eindeckt, wenn sie nach Frankreich kommt. In den Supermärkten gibt es so etwas für fünf Euro oder sogar noch weniger. Und wenn sie das Zeug dann ihren Freunden und Verwandten serviert, sind alle entzückt darüber, dass sie mal wieder ‹ Champagner › trinken. »

« Weißt du was? Wenn wir essen gehen heute Abend, leisten wir uns eine Flasche Crémant. Wärst du einverstanden? »

» Hervorragende Idee. Und am Ende der Reise ... da trinken wir dann Champagner, echten! »

Der Parisaufenthalt

« Sag mal, Katia, was würdest du denn in Paris gerne unternehmen? »

« Bevor wir ein Programm festlegen, wäre es vielleicht ratsam, ein Hotel ausfindig zu machen, meinst du nicht? »

« Keine Sorge, ich hab mich schon darum gekümmert! Ich weiß von einem reizvollen kleinen Hotel im 17. Arrondissement. Da gibt es sogar einen Garten, wo man bei schönem Wetter frühstücken kann. Du wirst sehen, es ist sehr originell, und das Viertel ist ganz nett und nicht allzu etepetete. Da ich gestern Abend noch nicht gleich schlafen konnte, habe ich angerufen und zwei Zimmer reserviert. »

– Tu es vraiment formidable ! Prévoyant, toujours attentif ! Ah, si tous les hommes étaient comme toi …

– Tu sais que les Français emploient une expression assez drôle pour ce genre de comportement, ils disent : « tu es une mère pour moi ! » Ce n'est pas trop flatteur, je trouve. Mais qu'est-ce que tu veux, c'est ma nature. Tant que tu ne me traites pas de mère poule, j'assume, déclare Pierre en riant.

– Et bien dans ce cas je vais te dire ce que je n'aimerais en aucun cas rater à Paris. Tu vas te moquer de moi et tu auras bien raison !

– Mais non. De toute façon, nous avons déjà décidé de faire un tour en bateau mouche. Mais ça c'est pour le jour où nous serons vraiment épuisés. Alors?

– Trois choses : J'aimerais voir Paris de haut, c'est à dire monter sur la Tour Eiffel. Ensuite … je me demande si je peux te dire ça …

– Vas-y, dis toujours !

– J'aimerais aller au Moulin Rouge, avoue Katia.

– Wouah ! Je m'attendais à tout sauf à ça de ta part ! Et tu veux voir un spectacle? Un show avec une ribambelle de jolies filles à moitié nues qui dansent le french-cancan? Et bien j'avoue que je n'y aurais pas pensé. Mais au fond, ce sera plutôt amusant, surtout pour moi. Je n'y suis jamais allé. Il paraît qu'on peut même y dîner avant le spectacle.

– Tu serais d'accord? C'est peut-être un peu cher.

– Tant pis. On va essayer d'avoir des places.

« Du bist wirklich klasse ! Vorausschauend, immer aufmerksam ! Ach, wenn alle Männer so wären wie du … »

« Die Franzosen haben für ein solches Verhalten einen ziemlich komischen Ausdruck, sie sagen : ‹ Du sorgst für mich wie eine Mutter ! › Das ist nicht allzu schmeichelhaft, finde ich. Aber was willst du, ich bin halt so. Solange du nicht sagst, ich sei eine Glucke, steh ich dazu », erklärt Pierre und lacht.

« Also gut, dann sage ich dir, was ich in Paris auf gar keinen Fall versäumen möchte. Du wirst dich über mich lustig machen und damit hast du dann auch ganz recht ! »

« Ach was ! Wir haben doch sowieso schon beschlossen, eine Fahrt im *bateau mouche* zu machen. Aber das soll an einem Tag sein, an dem wir wirklich erschöpft sind. Also los ? »

« Drei Dinge : Ich würde gern Paris von oben sehen, das heißt, auf den Eiffelturm steigen. Und dann … ich frage mich, ob ich dir das überhaupt sagen kann … »

« Schieß los ! »

« Ich würde gern ins Moulin Rouge », gesteht Katia.

« Hui ! Ich war bei dir auf alles Mögliche gefasst, aber darauf nicht. Und du willst eine Aufführung sehen ? Eine Show mit einer Schar hübscher halbnackter Mädchen, die French-Cancan tanzen ? Ich muss gestehen : Daran hätte ich nicht gedacht. Aber das wird doch recht amüsant, denke ich, vor allem für mich. Ich war nie im Moulin Rouge. Man kann wohl vor der Aufführung sogar zu Abend speisen. »

« Wärst du denn einverstanden ? Das ist vielleicht recht teuer. »

« Was soll's ? Wir versuchen, Plätze zu kriegen. Und für

D'ailleurs pour toi qui es une littéraire, c'est peut-être doublement intéressant.

– Pourquoi?

– Ma mère m'a raconté un jour que l'un des poètes français les plus connus du XXe siècle a habité avec sa femme et un chat une petite maison qui se trouve sur le toit du Moulin Rouge. Devine qui?

– Aragon?

– Sûrement pas! Il était communiste, mais il préférait vivre dans un luxueux hôtel particulier du très élégant 7e arrondissement dans le quartier des Invalides.

– Alors je donne ma langue au chat. Je ne le connais peut-être pas.

– Oh ça m'étonnerait! Je suis persuadé que ses poèmes se trouvaient même dans les livres de français en Allemagne. C'est Jacques Prévert. Ça te dit quelque chose?

– Et dire que j'ai donné ma langue au chat! ‹Le chat et l'oiseau›! ‹La chanson des escargots qui vont à l'enterrement›! Qu'est-ce qu'on s'amusait au cours de français!

– Tu as bonne mémoire, dis donc! Mais moi aussi. Tu as parlé de trois projets, quel serait le troisième?

Katia rit.

– Après les femmes du Moulin Rouge, il y a *une* autre femme que je veux voir absolument. Devine qui!

– Tu es un peu féministe ... La statue de George Sand?

– J'ai lu autrefois ‹François le Champi›, c'est

dich, die du doch einen Hang zur Literatur hast, ist das ja vielleicht doppelt interessant.»

«Wieso das?»

«Meine Mutter hat mir mal erzählt, dass einer der berühmtesten französischen Dichter des 20. Jahrhunderts mit Frau und Katze in einem kleinen Häuschen oben auf dem Dach des Moulin Rouge gelebt hat. Rate mal, wer das war?»

«Aragon?»

«Ganz sicher nicht! Der war zwar Kommunist, aber er lebte lieber in einem luxuriösen Stadtpalais des schicken 7. Arrondissements, im Invalidenviertel.»

«Dann muss ich wohl passen. Vielleicht kenne ich ihn gar nicht.»

«Oh, das würde mich aber wundern! Ich bin überzeugt, dass seine Gedichte sogar in den deutschen Französischbüchern abgedruckt sind. Es war Jacques Prévert. Sagt dir das was?»

«Und da musste ich passen! ‹Die Katze und der Vogel›!, ‹Das Lied der Schnecken, die zur Beerdigung gehen›! Was haben wir uns im Französischunterricht amüsiert!»

«Du hast ja ein gutes Gedächtnis, sag mal. Aber ich auch. Du hattest von drei Wünschen gesprochen, was wäre also der dritte?»

Katia lacht.

«Nach den Frauen des Moulin Rouge gibt es eine weitere Frau, die ich unbedingt sehen will. Jetzt bist du mit Raten dran!»

«Du bist doch etwas feministisch angehaucht. Die Statue von George Sand etwa?»

«Ich habe früher mal ‹François das Findelkind› gele-

vrai, je me souviens. Mais non, c'est une autre femme …

– Ma foi … tu es fan de musées. Oh, ça y est, je crois que j'ai trouvé ! Tu veux voir ‹ La Joconde › au musée du Louvre !

– Bingo !

– Alors il va vite falloir se connecter pour passer aux réservations. Souviens-toi : les billets coupe-file !

La Tour Eiffel

Très vite Katia se rend compte que Pierre n'a aucune envie de monter à la Tour Eiffel. Mais elle insiste, lui rappelle qu'ils étaient bien montés sur la plate-forme de la cathédrale à Strasbourg, haute de soixante-six mètres.

– La vue sur Paris est sûrement plus époustouflante encore, puisque la tour fait trois cent vingt quatre mètres de haut et que le point le plus élevé accessible aux visiteurs, le troisième étage, est à deux cent soixante dix neuf mètres, tu te rends compte !

– Oui, quelle escalade ! Nous serons épuisés quand nous arriverons en haut.

– Tu te moques encore de moi, tu sais très bien qu'il y a des ascenseurs.

– Oui, mais ils sont souvent en panne …

– Écoute Pierre, c'est le monument historique le plus visité en Europe. On ne va tout de même pas rater ça ?

Pierre a du mal à cacher son agacement.

– Tu appelles ça un monument historique ? Et

sen, ich erinnere mich. Nein, nein, es handelt sich um eine andere Frau …»

«Nun denn … du bist ein Museumsfan. Oh ja, ich glaub ich hab's! Du willst im Louvre die ‹Mona Lisa› sehen!»

«Bingo!»

«Dann müssen wir dringend ins Internet und reservieren. Erinnere dich: die *billets coupe-file*!»

Der Eiffelturm

Bald schon ist Katia klar, dass Pierre überhaupt keine Lust hat, auf den Eiffelturm zu gehen. Aber sie lässt nicht locker und erinnert ihn daran, dass sie ja auch auf die sechsundsechzig Meter hohe Aussichtsplattform des Straßburger Münsters gestiegen sind.

«Der Blick über Paris ist sicher noch viel faszinierender, schließlich ist der Eiffelturm dreihundertvierundzwanzig Meter hoch, und der höchste für die Besucher erreichbare Punkt, der dritte Stock, ist auf zweihundertneunundsiebzig Meter Höhe, kannst du dir das vorstellen?»

«Jaja, welch ein Aufstieg! Wir werden erschöpft sein, wenn wir oben ankommen.»

«Du machst dich schon wieder über mich lustig, du weißt ganz genau, dass es Aufzüge gibt.»

«Ja, aber die fallen oft aus …»

«Also hör mal, Pierre, es ist das meist besuchte historische Denkmal in Europa. Das sollten wir doch nicht auslassen, oder?»

Pierre hat Mühe, seine Gereiztheit zu verbergen.

«Das nennst du ein historisches Denkmal? Dann ist

Notre-Dame de Paris alors, c'est un site archéologique? Je te rappelle que cette tour en ferraille a été construite par Gustave Eiffel pour l'Exposition Universelle de Paris en 1889. Elle a à peine plus de cent ans. Tout juste l'âge de mon arrière-grand-mère !

– Ne manque pas de respect à ton aïeule ! Mais si tu n'as vraiment pas envie de m'accompagner, je peux y aller toute seule. Et tu m'attends dans un bistro du coin ou tu vas te recueillir à Notre-Dame et je viens te rejoindre un peu plus tard. Mais ce serait plus sympa si tu venais avec moi à la Tour Eiffel. S'il te plaît Pierre, fais-moi plaisir !

– Je te préviens : je me vengerai ! Contrairement à ce que j'ai dit, je viendrai à Munich pour la fête de la bière et je te forcerai à escalader avec moi votre superbe Bavaria, au milieu de tous les buveurs de bière plus ou moins ivres !

– Eh bien j'assume ! Avec un peu de chance nous en sortirons plus intelligents qu'avant, puisque c'est dans sa grosse tête que les touristes grimpent !

Le Français comme dans un livre d'images

La vie parisienne est épuisante et au fil de leurs longues promenades Pierre et Katia passent beaucoup de temps à prendre des boissons fraîches dans les bistrots ou les cafés, de préférence bien sûr en terrasse.

– Ils existent ! C'est incroyable ! Ils existent vraiment ! Je n'en crois pas mes yeux !

– Quoi? Qui ça? Tu ne parles pas des clochards parisiens? Ou des croissants au beurre? Tu en manges

Notre-Dame de Paris wohl eine archäologische Stätte, was? Ich möchte dich nur daran erinnern, dass dieser Turm aus Schrott von Gustave Eiffel für die Pariser Weltausstellung 1889 erbaut wurde. Er ist kaum älter als hundert Jahre. Grad mal das Alter meiner Urgroßmutter! »

« Bitte mehr Respekt deiner Ahnin gegenüber! Aber wenn du gar nicht magst, kann ich das ja auch alleine machen. Und du wartest auf mich in einem Bistro um die Ecke oder ziehst dich in aller Stille in die Kathedrale Notre-Dame zurück, und ich komme dann nach. Aber es wäre schöner, wenn du auf dem Eiffelturm dabei wärst. Bitte Pierre, mach mir diese Freude! »

« Ich warne dich: Ich werde mich rächen! Im Gegensatz zu dem, was ich gesagt habe, werde ich dich in München zum Oktoberfest aufsuchen und dich zwingen, auf eure wunderbare Bavaria zu klettern, inmitten all der mehr oder weniger besoffenen Biertrinker! »

« Na gut, ich nehme es auf mich! Mit etwas Glück sind wir hinterher klüger als zuvor, weil die Touristen ja schließlich in ihren großen Kopf steigen! »

Der Bilderbuchfranzose

Das Pariser Leben ist ungeheuer anstrengend und auf ihren langen Spaziergängen machen Pierre und Katia häufig Pausen in einem Bistro oder einem Café, vorzugsweise draußen auf der Terrasse.

« Es gibt sie! Das ist doch unglaublich, es gibt sie wirklich! Ich fasse es nicht! »

« Was denn? Wen gibt es? Du redest doch wohl nicht von den Pariser Clochards? Oder vielleicht von den

sans arrêt depuis notre arrivée à Strasbourg, répond Pierre.

En effet, sa compagne de voyage en est à son troisième croissant de la journée. Et cela ne cesse d'étonner Pierre, car la plupart des jeunes femmes qu'il connaît en mangent un demi ... histoire de garder la ligne.

– Mais non ! Je parle des Français tels qu'on les imagine chez nous ou qu'on les voit sur les cartes postales. Petite moustache, béret, une baguette sous le bras.

– Mais c'est un cliché ! Une caricature !

– C'est bien possible, mais depuis que nous sommes installés sur cette terrasse j'en ai vu trois, l'un d'entre eux sur un vélo.

– C'est un hasard.

– Non, je t'assure. Quand on voit un personnage de ce genre dans une caricature allemande, pas besoin de commentaire : on sait qu'il s'agit d'un Français. Et voilà, je sais maintenant qu'ils existent « pour de vrai » ! Au fait : comment représentez-vous les Allemands dans les caricatures française ? Toujours avec le casque à pointe des Prussiens, comme autrefois ?

Pierre réfléchit un moment et finit par répondre :

– Je crois que le personnage typiquement allemand n'existe plus dans nos esprits ...

– En tout cas il ne porte pas de baguette sous le bras, à la rigueur un gros pain de seigle ! s'exclame Katia. C'est tout au plus un écolo qui marche pieds-nus ou dont la passion est de trier ses ordures jusque dans les moindres détails !

– Ou alors on l'associe aux saucisses : il les mange

Buttercroissants? Du isst ja dauernd welche, seit wir in Straßburg angekommen sind», antwortet Pierre.

Seine Reisegefährtin beißt in der Tat gerade in das dritte Croissant des Tages. Und darüber wundert sich Pierre ungemein, denn die meisten Frauen, die er kennt, essen nur ein halbes … der schlanken Linie wegen.

«Ach was! Ich rede von den Franzosen, wie man sie sich bei uns in Deutschland vorstellt oder wie man sie manchmal auf Postkarten sieht. Schnauzer, Baskenmütze, eine Baguette unterm Arm.»

«Das ist doch ein Klischee! Eine Karikatur!»

«Möglich, aber seit wir hier auf dieser Terrasse sitzen, habe ich schon drei solcher Männer gesehen, einen davon auf dem Fahrrad.»

«Reiner Zufall!»

«Nein, ehrlich nicht! Wenn in einer deutschen Karikatur ein Mann so dargestellt wird, bedarf es keines Kommentars: Jeder weiß, dass es sich um einen Franzosen handelt. Und jetzt weiß ich: Es gibt sie also wirklich. Apropos, wie wird denn der typische Deutsche in französischen Karikaturen dargestellt? Noch immer mit preußischer Pickelhaube wie anno dazumal?»

Pierre überlegt einen Moment und antwortet schließlich:

«Den typischen Deutschen gibt es in unserer Vorstellung wohl nicht mehr …»

«Auf jeden Fall hat er keine Baguette unterm Arm, höchstens ein dickes Roggenbrot», antwortet Katia. «Oder vielleicht ist es ein Grüner, der barfuß geht oder der mit Leidenschaft und bis zum kleinsten Fitzelchen seinen Müll trennt!»

«Oder aber man verbindet ihn mit Würsten: Die

comme un ogre mangerait les petits enfants, ou bien il s'en fait un collier qu'il attache autour de son cou !

Et tous deux éclatent de rire.

– Pourquoi les croissants sont-il meilleurs en France? Pourquoi la baguette est elle plus croustillante? Et pourquoi le pain de seigle français est-il fade?

Ni l'un ni l'autre n'a de réponse.

– Mais c'est tout de même chouette qu'il y ait des différences, constate Pierre. Katia hoche la tête tout en savourant le dernier petit bout de son troisième croissant !

En route vers le sud

Après cinq ou six jours passés à courir dans Paris à explorer les musées et autres sites touristiques, nos deux amis sont épuisés. Ils ne se sont pas contentés de visiter Notre-Dame, de monter à la Tour Eiffel et d'assister à un spectacle au Moulin Rouge, au Louvre ils n'ont pas vu seulement ‹La Joconde›. Ils ont fait leur petit tour en bateau mouche, ils sont allés à Montmartre bien sûr, ils ont visité le Sacré-Cœur, ils se sont promenés le long du canal Saint-Martin, ont flâné dans l'ancien quartier des Halles et visité le Centre Pompidou. Et Katia est loin d'avoir visité tout ce qu'elle aurait voulu, mais elle n'en peut plus. Il fait de plus en plus chaud et l'air devient irrespirable. Pierre est soulagé lorsqu'elle lui confie qu'elle aimerait quitter « la Ville Lumière » au plus vite.

– Je me demande pourquoi on appelle Paris la « Ville Lumière ». C'est vrai que c'est une ville merveilleuse

mampft er, wie ein Menschenfresser kleine Kinder frisst, oder er hängt sie sich als Kette um den Hals ! »

Beide schütten sich aus vor Lachen.

« Warum aber sind die Croissants in Frankreich besser? Warum ist die Baguette knuspriger? Und warum schmeckt das französische Roggenbrot so fad? »

Keiner von beiden weiß eine Antwort.

« Ist doch toll, dass es diese Unterschiede gibt », stellt Pierre fest. Katja nickt und isst genüsslich das letzte Stückchen ihres dritten Croissants.

Auf in den Süden

Nach fünf oder sechs Tagen mit Erkundungen von Museen und anderen touristischen Sehenswürdigkeiten sind unsere beiden Freunde erschöpft. Sie haben nicht nur Notre-Dame besichtigt und sind auf den Eiffelturm gestiegen, haben nicht nur eine Show im Moulin Rouge besucht, im Louvre haben sie nicht nur die ‹ Mona Lisa › gesehen. Sie haben ihren Ausflug auf dem *bateau mouche* gemacht, sind natürlich auch zum Montmartre gegangen, haben den Sacré-Cœur besichtigt, sind am Canal Saint-Martin entlangspaziert, durch das alte Großmarktviertel « Les Halles » geschlendert und haben das Centre Pompidou besucht. Und Katia hat bei Weitem nicht alles besichtigt, was ihr vorgeschwebt hatte, aber sie kann nicht mehr. Und es wird immer heißer, die Luft ist unerträglich stickig. Pierre ist erleichtert, als sie ihm gesteht, dass sie die « Lichterstadt » so schnell wie möglich verlassen möchte.

« Ich frage mich, warum man eigentlich Paris die ‹ Lichterstadt › nennt. Es ist eine wunderschöne Stadt, stimmt,

et je suis sûre qu'il y aurait encore des quantités de choses à découvrir pour moi. Mais j'ai l'impression que c'est aussi la ville la plus bruyante et la plus polluée au monde.

– Ma pauvre, tu n'es jamais allée à New York, c'est encore pire, je t'assure, surtout l'été ! Mais je crois pouvoir répondre à ta question concernant la Ville Lumière.

– Tu vas me dire que les frères Lumière ont vécu à Paris ?

– Les inventeurs du cinématographe vers la fin du XIXe siècle ? C'est possible, je n'en sais rien. Mais de toute façon l'expression est plus ancienne. Il me semble que c'est Philippe Lebon, l'inventeur de l'éclairage au gaz, qui est à l'origine de cette expression : il a testé son invention à Paris au début du XIXe siècle, vers 1830. Et le monde entier est alors fasciné par cette ville aussi lumineuse la nuit que le jour.

– Tu en sais des choses !

– J'ai bien préparé notre voyage et j'ai lu des guides touristiques ! Mais tu as raison, nous devrions aller prendre l'air. Alors soyons sérieux : est-ce que tu aimerais poursuivre ce voyage en direction de la Normandie et de la Bretagne … ou plutôt te diriger vers le sud ? demande Pierre. Je crains que nous n'aurons pas le temps de tout faire. Il faut choisir.

– Tu commences à connaître mon intérêt pour l'histoire des relations franco-allemandes. Ça ne me déplairait pas d'aller visiter les « plages du débarquement ». L'offensive des alliés en juin 1944 a été déterminante pour leur victoire contre les Allemands, moins d'un an plus tard. Mais puisque tu

und ich bin sicher, dass es für mich noch viel zu entdecken gäbe. Aber ich hab den Eindruck, es ist die Stadt mit dem größten Lärm und der höchsten Luftverschmutzung weltweit.»

«Du Arme, du warst noch nie in New York; ich sag dir, da ist es noch viel schlimmer, vor allem im Sommer! Aber deine Frage zur Lichterstadt kann ich, glaube ich, beantworten.»

«Du wirst mir sagen, dass die Brüder Lumière in Paris gelebt haben?»

«Die Erfinder des Kinematografen gegen Ende des 19. Jahrhunderts? Mag sein, ich weiß es nicht. Auf jeden Fall ist der Ausdruck älter. Ich glaube, es war Philippe Lebon, der Urvater der Gasbeleuchtung, der schon Anfang des 19. Jahrhunderts, gegen 1830, seine Erfindung in Paris ausprobiert hat. Danach war die ganze Welt von dieser Stadt fasziniert, die nachts so hell war wie am Tag.»

«Was du nicht alles weißt!»

«Ich habe unsere Reise gut vorbereitet und Reiseführer gelesen! Doch du hast recht, wir sollten mal wieder Luft schnappen. Aber mal ganz im Ernst: Möchtest du die Reise in Richtung Normandie und Bretagne fortsetzen … oder lieber Richtung Süden?», fragt Pierre. «Ich befürchte, wir haben nicht genügend Zeit für alles und müssen uns wohl entscheiden!»

«Allmählich kennst du ja mein Interesse für die Geschichte der deutsch-französischen Beziehungen. Ich hätte nichts dagegen, die *plages du débarquement* zu besuchen, die Strände, an denen die Landung der Alliierten stattfand. Die Offensive im Juni 1944 war entscheidend für den Sieg gegen die Deutschen ein knappes Jahr später. Aber wenn

me dis de choisir … je crois qu'après les journées fatigantes à Paris, je me sentirais plus attirée par le sud. Et toi?

– Je suis tout à fait de ton avis, répond Pierre. Et il ne nous reste plus trop de temps. La Normandie et la Bretagne, ce sera pour la prochaine fois. Alors plions bagage. Cap sur la Provence!

– Autoroute ou petites routes départementales?

– Prenons le chemin des écoliers! Ce sera plus pittoresque.

– Où est-ce que tu comptes t'arrêter? Tu as une idée?

– Non, pas vraiment, mais je pense que là aussi nous n'aurons pas trop de mal à trouver de petits hôtels ou des auberges de campagne, ou même des gîtes ou des chambres d'hôtes. Tu sais ce que c'est?

– Pas vraiment. Explique!

– C'est ce que les Anglais appellent «Bed & Breakfast». On loue une chambre meublée chez l'habitant, pour un ou plusieurs jours. L'avantage de ne pas réserver à l'avance, c'est qu'on peut s'arrêter quand on veut, où on veut, quand on découvre une ville ou un village qui vous plaît. On essaye?

– D'accord. J'espère simplement que nous ne serons pas obligés de dormir à la belle étoile si tout est complet … Ça me fait penser d'ailleurs à une histoire très drôle que m'a racontée une copine quand je lui ai annoncé que j'allais faire un voyage en France. «Si j'ai un bon conseil à te donner, n'essaye jamais de réserver une chambre à l'hôtel de ville,» m'a-t-elle dit.

du mich schon fragst … nach den anstrengenden Tagen in Paris, fühle ich mich wohl eher vom Süden angezogen. Und du?»

«Ich bin ganz deiner Meinung», antwortet Pierre. «Wir haben ja auch nicht mehr so viel Zeit. Die Normandie und die Bretagne, die bleiben uns für das nächstes Mal. Also packen wir unsere Sachen. Und auf geht's in die Provence!»

«Autobahn oder Landstraßen?»

«Nehmen wir den gemütlicheren Weg, den ‹Weg der Schüler›! Das ist malerischer.»

«Und wo möchtest du Station machen? Hast du schon eine Vorstellung?»

«Nein, nicht wirklich, aber auch dort werden wir keine allzu große Mühe haben, kleine Hotels oder Landgasthöfe zu finden, oder sogar Ferienwohnungen oder Gästezimmer. Weißt du, was ein *gîte* oder eine *chambre d'hôtes* ist?»

«Nicht genau. Erklär mal!»

«Das ist, was die Engländer *Bed & Breakfast* nennen. Man mietet ein möbliertes Zimmer bei Privatleuten, für eine oder mehrere Nächte. Wenn man nicht im Voraus bucht, hat man den Vorteil, dass man Station machen kann, wann und wo man will, zum Beispiel wenn man eine Stadt oder ein Dorf entdeckt, einen Ort, der einem gefällt. Wollen wir's probieren?»

«Einverstanden. Ich hoffe nur, dass wir nicht im Freien übernachten müssen, wenn alles voll ist … Das erinnert mich übrigens an eine lustige Geschichte, die mir eine Freundin erzählt hat, als ich ihr mitgeteilt habe, dass ich eine Frankreichreise machen würde. ‹Wenn ich dir einen guten Ratschlag geben darf, versuche nie, ein Zimmer in einem *hôtel de ville* zu mieten›, meinte sie.»

Pierre éclate de rire.

– On peut toujours essayer !

– Quand elle était petite, ses parents l'emmenaient en vacances en Auvergne ou en Provence, sans jamais louer de chambres à l'avance. Un peu comme nous maintenant. Le soir il fallait parfois tourner un peu avant de trouver. Et elle ne comprenait pas pourquoi ses parents ne s'arrêtaient jamais à « l'hôtel de ville », il y en avait presque toujours un !

– Eh bien je vais te dire que je connais un minuscule village en Provence où il y a un hôtel de ville – je ne sais pas pourquoi : normalement ça n'existe que dans les grandes villes. Dans les villages il y a des mairies, mais ça c'est une autre histoire. Si tu veux, nous y allons et nous essayons de louer un gîte. Incroyable mais vrai : la commune a installé des gîtes au second étage de l'hôtel de ville !

– Ok, si la région est belle, on essaye. Ma copine ne va pas me croire si je lui dis qu'on a dormi à l'hôtel de ville.

– Mais ça me rappelle une autre histoire tout aussi rigolote. Quand j'avais quatre ou cinq ans ma mère me racontait des histoires de princes et de princesses qui vivaient dans de superbes châteaux. Du coup, j'adorais aller visiter des châteaux et des châteaux-forts. Et un jour mon père se met à parler d'un château d'eau … Tu imagines ma déception quand j'ai découvert non pas une forteresse avec un donjon et un fossé plein d'eau autour, mais une sorte de petite tour ridicule, tout en béton.

– Eh oui, la langue française est parfois étonnante !

Pierre lacht schallend.

«Wir können's ja mal versuchen!»

«Als sie klein war, fuhren ihre Eltern mit ihr in den Ferien in die Auvergne oder in die Provence, und sie haben nie ein Hotel im Voraus gebucht. So wie wir das jetzt vorhaben. Und am Abend mussten sie dann manchmal etwas länger rumfahren, bis sie etwas fanden. Und sie hat nie verstanden, warum ihre Eltern es nicht im *hôtel de ville* versuchten, das gab es doch fast überall!»

«Ich werde dir was sagen: Ich kenne ein winziges Dorf in der Provence, wo es ein *hôtel de ville* gibt, ich weiß nicht warum, denn normalerweise findet man die nur in größeren Städten, in Dörfern gibt es eine *mairie*, ein Rathaus, aber das ist eine andere Geschichte. Wenn du willst, fahren wir da hin und versuchen, ein Zimmer zu mieten. Unglaublich, aber wahr: Die Gemeinde hat im zweiten Stock des *hôtel de ville* Gästewohnungen eingerichtet!»

«Okay, wenn die Gegend schön ist, versuchen wir's. Meine Freundin wird mir nicht glauben, wenn ich ihr erzähle, dass wir im *hôtel de ville* geschlafen haben.»

«Das erinnert mich übrigens an eine andere, genauso lustige Geschichte. Als ich vier oder fünf Jahre alt war, erzählte mir meine Mutter Geschichten von Prinzessinnen und Prinzen, die in herrlichen Schlössern wohnten. Deshalb liebte ich es, Schlösser und Burgen zu besichtigen. Und eines Tages erzählte mein Vater etwas über ein *château d'eau*, ein Wasserschloss ... Kannst du dir meine Enttäuschung vorstellen, als ich nicht etwa eine Festung mit Turm und einem Graben drum herum entdeckte, sondern einen lächerlichen kleinen Wasserturm ganz aus Beton.»

«Ach ja, die französische Sprache ist manchmal verblüffend!»

« Sur le pont d'Avignon ... »

Durant leur séjour en Provence, Katia et Pierre ont donc décidé de louer un gîte dans un petit village tranquille, plutôt que de changer d'hôtel tous les jours. D'ailleurs il fait de plus en plus chaud et dans les villes, les températures sont parfois difficile à supporter.

Katia est fascinée par le spectacle des joueurs de boules qui se retrouvent tous les soirs sur la place du village, à l'ombre de quelques vieux platanes. Elle connaît ce jeu pour avoir aperçu des joueurs de boules dans un jardin public à Munich. Mais ici en Provence, le spectacle n'est pas vraiment le même. Maintenant elle a le loisir de les observer et ils lui ont même proposé de se joindre à eux. Elle a fait quelques essais, mais elle a vite compris que ce n'était pas si facile de viser juste et de toucher le cochonnet avec la lourde boule de métal. Elle avait même eu du mal à garder l'équilibre au moment de la lancer. C'est là que les vieux du village lui ont expliqué qu'en Provence le jeu de boules s'appelle « la pétanque » et que cette expression signifie qu'il faut garder les pieds « tanqués », c'est à dire bien ancrés au sol.

Tous les jours les deux amis partent à la découverte de nouveaux sites et bien souvent Katia se demande si Pierre ne s'ennuie pas – après tout il connaît cette région sur le bout des doigts. Mais il ne cesse de la rassurer, de lui dire qu'il est heu-

Die Provence in all ihren Facetten

«Sur le Pont d'Avignon ...«

Für die Dauer ihres Aufenthalts in der Provence haben Pierre und Katia also beschlossen, eine Ferienwohnung in einem ruhigen kleinen Dorf zu mieten, und nicht jeden Tag in ein anderes Hotel umzuziehen. Es wird ja immer heißer und in den Städten ist die brütende Hitze oft schwer auszuhalten.

Katia ist fasziniert vom Anblick der Boulespieler, die sich jeden Abend im Schatten einiger alter Platanen auf dem Dorfplatz zusammenfinden. Sie kennt dieses Spiel, weil sie in München in einer Parkanlage auch schon Boulespieler gesehen hat. Aber hier in der Provence ist das nicht das Gleiche. Jetzt hat sie Zeit, die Spieler zu beobachten. Sie haben ihr sogar vorgeschlagen mitzuspielen und sie hat ein paar Versuche gemacht. Aber es ist ihr schnell klar geworden, dass es nicht so einfach ist, richtig zu zielen und mit der schweren Metallkugel die hölzerne Zielkugel, das «Schweinchen», zu treffen. Sie hatte sogar Mühe gehabt, beim Werfen das Gleichgewicht zu wahren, und da haben ihr die Alten des Dorfs erklärt, dass man das Boulespiel in der Provence *pétanque* nennt und dass der Ausdruck bedeutet, dass die Füße beim Spielen am Boden *tanqués* bleiben, also ganz fest am Boden haften müssen.

Jeden Tag machen sich die beiden Freunde auf, um neue Orte zu entdecken, und Katia fragt sich immer wieder, ob sich Pierre nicht langweilt – schließlich kennt er diese Gegend doch in- und auswendig. Aber immer wieder beruhigt er sie, sagt ihr, wie glücklich er sei, ihr

reux de lui faire découvrir tous ces endroits qu'il aime, que grâce à elle il les voit d'un œil nouveau.

D'un commun accord, ils décident d'aller passer une journée à Avignon.

– Que veux-tu aller voir en premier dans cette ville? Je ne te pose même pas la question. C'est soit le Palais des Papes, soit le Pont d'Avignon.

– Commençons par le Palais des Papes et pour nous reposer nous irons danser sur le Pont!

– Je vois que tu connais la chanson.

– De mémoire … classe de sixième, leçon de français numéro trois! Le professeur s'appelait Monsieur Bonnefoy et il était Provençal d'origine.

– Je veux bien prendre la succession de Monsieur Bonnefoy, mais ne me demande pas de jouer au professeur d'histoire, déclare Pierre. Si tu veux savoir pourquoi, au XIVe siècle, toute une série de papes ont délaissé Rome pour s'installer à Avignon il faudra demander les services d'un guide.

– Peut-être tout simplement parce qu'il y a eu à cette époque tout une succession de papes français?

– Ce n'est probablement pas si simple: vers la fin du XIVe siècle la crise du catholicisme a conduit à ce qu'on a appelé «le grand schisme d'Occident» avec deux papes simultanés, l'un à Rome, l'autre à Avignon; chacun parlait de son adversaire comme de «l'antipape».

– Tu vois que tu ferais un excellent professeur d'histoire!

Après la visite du Palais des Papes avec ses immenses salles et ses splendides fresques, ils dé-

all diese Orte zu zeigen, die er liebt und die er durch sie mit ganz neuen Augen sieht.

Einvernehmlich beschließen sie, einen Tag in Avignon zu verbringen.

«Ich frage dich erst gar nicht, was du in dieser Stadt als Erstes sehen willst. Es kann nur der Papstpalast oder die Brücke sein.»

«Also fangen wir mit dem Papstpalast an, und zur Erholung gehen wir nachher auf der Brücke tanzen!»

«Du kennst also das Lied.»

«Wenn ich mich recht erinnere ... erste Klasse Gymnasium, Französischlektion Nummer drei! Der Lehrer hieß Monsieur Bonnefoy und war ein gebürtiger Provenzale.»

«Ich übernehme gern die Nachfolge von Monsieur Bonnefoy, aber verlange bitte nicht von mir, den Geschichtslehrer zu spielen», verkündet Pierre. «Wenn du wissen willst, warum eine ganze Reihe von Päpsten im 14. Jahrhundert sich von Rom abgewandt und in Avignon niedergelassen hat, müssen wir eine Führung mitmachen.»

«Vielleicht weil damals mehrere Päpste in der Folge Franzosen waren?»

«Das ist vermutlich nicht so einfach: Gegen Ende des 14. Jahrhunderts hat die Krise des Katholizismus zum ‹großen abendländischen Schisma› geführt, und es gab zwei Päpste gleichzeitig, den einen in Rom, den anderen in Avignon. Jeder sprach von seinem Gegner als vom Gegenpapst.»

«Siehst du? Du wärst eben doch ein hervorragender Geschichtslehrer!»

Nach der Besichtigung des Papstpalastes mit seinen riesigen Sälen und den grandiosen Fresken, beschließen sie,

cident de prendre l'air. Ils commencent par grimper au Rocher des Doms pour jouir, dans le parc là-haut, du magnifique panorama sur la vieille ville, la vallée du Rhône, et jusque sur le Mont Ventoux. C'est là que Pierre est tombé amoureux pour la toute première fois de sa vie, il y a des années de cela, alors qu'il séjournait à l'auberge de jeunesse. Mais il ne le dira pas à Katia; il ne veut en aucun cas l'attrister, on ne sait jamais …

Puis ils redescendent en direction du fameux pont d'Avignon. En réalité, cet édifice connu dans le monde entier s'appelle le Pont Saint-Bénézet, et ce n'est pas vraiment un pont, puisqu'il s'arrête au beau milieu du fleuve. À l'origine il faisait la jonction entre la vieille ville et l'île de la Barthelasse, mais il a été de multiples fois arraché ou démoli par les grandes crues du Rhône, au moins partiellement.

Il fait de plus en plus chaud, même dans les deux chapelles situées l'une au-dessus de l'autre sur l'un des piliers du pont, la chaleur est étouffante.

– Tu crois que nous pourrions nous baigner dans le Rhône? demande Katia.

– Il y a des années, quand j'étais encore élève, ça m'est arrivé, mais je crois que c'est vraiment dangereux parce que le courant est très fort ici. Et il me semble que c'est interdit. Mais si tu veux, nous nous arrêterons près d'un plan d'eau sur le chemin du retour. Ça nous ferait sûrement du bien de nous rafraîchir un peu. Et si tu en as envie nous pourrions aller à la mer demain, du côté de Marseille, et nous baigner dans les Calanques.

ein bisschen frische Luft zu schnappen. Zunächst gehen sie zum Rocher des Doms hinauf, um von diesem Park dort oben den wunderbaren Ausblick über die Altstadt und das Rhônetal bis hin zum Mont Ventoux zu genießen. Hier oben hat sich Pierre zum ersten Mal in seinem Leben verliebt, vor vielen Jahren, als er in der Jugendherberge Station gemacht hatte. Das wird er Katia aber lieber nicht erzählen; er möchte auf keinen Fall eine traurige Stimmung aufkommen lassen, wer weiß …

Danach geht es wieder bergab in Richtung der berühmten Brücke von Avignon. In Wirklichkeit heißt das in der ganzen Welt als « Pont d'Avignon » bekannte Bauwerk Pont Saint-Bénézet, die Brücke des Heiligen Bénézet; und eigentlich ist es ja auch keine Brücke, weil sie mitten im Fluss abbricht. Ursprünglich hat sie die Altstadt mit der Insel Barthelasse verbunden, sie wurde aber immer wieder durch das Hochwasser der Rhône zerstört, zumindest teilweise.

Es ist inzwischen so heiß, dass es selbst in den beiden Kapellen, die über einem der Brückenpfeiler eingerichtet sind, stickig wird.

« Meinst du, wir könnten in der Rhône schwimmen gehen? », fragt Katia.

« Vor Jahren, als ich noch Schüler war, habe ich das hin und wieder getan, aber ich glaube, es ist wirklich gefährlich, weil die Strömung hier sehr stark ist. Und ich denke auch, dass es verboten ist. Aber wenn du willst, fahren wir auf dem Rückweg an einem kleinen See vorbei. Es würde uns sicher guttun, uns ein wenig abzukühlen. Und wenn du magst, können wir morgen auch ans Meer fahren, Richtung Marseille, und in den *Calanques* baden. »

Un orage mémorable

Nos deux amis décident de reprendre des forces en allant déjeuner dans l'un des cafés de la place de l'Horloge.

Il est une heure passée quand ils arrivent et tous les restaurants sont bondés; ils finissent pourtant par trouver une table.

– Un verre de rosé ou un pastis à l'apéritif? demande Pierre.

– Une grande bouteille d'eau minérale, sinon il faudra me porter jusqu'à la voiture!

Le ciel se fait de plus en plus menaçant et à peine ont-ils commencé à manger la salade qu'ils ont commandée en entrée, que les premiers coups de tonnerre se font entendre. Les clients installés en terrasse se regardent, l'air interrogateur, puis s'interpellent:

– Il vaut peut-être mieux se mettre à l'abri, non?

– Mais non, la grande toile censée nous abriter du soleil nous abritera bien de la pluie!

Quelques clients peureux demandent l'addition et prennent la fuite sans finir leur dessert. Lorsque l'orage éclate et que les premières gouttes se mettent à tomber, le personnel aussi s'inquiète.

– Vous ne voulez pas finir votre repas à l'intérieur?

Certains suivent les conseil des serveurs, d'autres – comme Pierre et Katia – sont heureux de sentir la fraîcheur arriver avec la pluie de plus en plus violente. Elle tambourine sur la toile de l'auvent et au bout de quelques minutes on ne s'entend plus, le bruit de l'orage couvre celui des conversations. Mais

Ein denkwürdiges Gewitter

Die beiden beschließen also, Kräfte zu sammeln, indem sie in einem der Cafés auf der Place de l'Horloge zu Mittag essen.

Es ist schon eins vorbei, als sie den Platz erreichen, und alle Restaurants sind proppenvoll. Schließlich finden sie aber doch einen Tisch.

« Ein Glas Rosé oder ein Pastis zum Aperitif? », fragt Pierre.

« Eine große Flasche Mineralwasser, sonst musst du mich nachher zum Auto tragen ! »

Am Himmel sind Wolken aufgezogen und werden immer bedrohlicher, und kaum haben sie angefangen, den Salat zu essen, den sie als Vorspeise bestellt haben, sind die ersten Donnerschläge zu hören. Die Gäste, die auf der Terrasse sitzen, schauen sich fragend an und rufen sich gegenseitig zu:

« Man verzieht sich wohl besser nach drinnen? »

« Ach was, die große Plane, die uns vor der Sonne schützen soll, wird uns auch vor dem Regen schützen ! »

Ein paar ängstliche Gäste verlangen die Rechnung und suchen das Weite, ohne ihr Dessert aufzuessen. Als dann das Gewitter losbricht und die ersten Tropfen fallen, ist auch das Personal besorgt.

« Möchten Sie nicht lieber drinnen weiteressen? »

Einige Gäste folgen dem Rat, andere – wie Pierre und Katia – sind glücklich, dass es mit dem immer heftigeren Regen endlich etwas kühler wird: Es pladdert auf den Stoff des Schutzdachs und nach wenigen Minuten versteht man sein eigenes Wort nicht mehr. Aber komischerweise macht sich eine Art ansteckender

curieusement, une sorte de joie contagieuse s'installe et tout le monde rit : on se fait des signes de connivence, on lève les verres, on trinque avec les clients des tables voisines. Katia est abasourdie.

– Une scène pareille est absolument inimaginable en Allemagne. Tout le monde serait de mauvaise humeur, à commencer par le personnel qui se fait éclabousser par les torrents de pluie en contournant les tables !

– Je ne sais pas si la scène serait la même à Paris ou dans une grande ville où les gens sont toujours pressés. C'est peut-être un phénomène typiquement provençal. Ici les gens préfèrent s'amuser plutôt que de râler.

Lorsqu'ils en arrivent au dessert, il pleut toujours, mais moins fort. Fini les éclairs et le tonnerre. Ils choisissent tous deux une tarte au citron.

– Et voilà monsieur-dame ! Tarte au citron meringuée ! annonce le serveur. Café ?

– Volontiers, répondent-ils en chœur.

– Mais dis-moi, il a parlé de tarte « meringuée », reprend Katia lorsque le serveur est reparti. Tu ne trouves pas ça curieux ?

– Pourquoi ? Tu n'aimes pas ?

– Mais si, excuse-moi, je me suis mal exprimée. C'est un régal, mais chez nous en Allemagne on parle de « baiser » !

– Pardon ? L'orage t'a perturbée ? Je ne comprends pas.

– Je t'explique : contrairement aux Français, les Allemands adorent les mots étrangers, et notamment les mots français lorsqu'il est question de cuisine. Nous connaissons bien sûr le mot de « meringue », mais

Fröhlichkeit breit und alle Anwesenden lachen: Man winkt sich gegenseitig zu, hebt das Glas, trinkt auf das Wohl der Gäste an den Nachbartischen. Katia ist verblüfft:

«Eine solche Szene wäre in Deutschland völlig undenkbar. Alle wären missmutig, angefangen beim Personal, das beim Umrunden der Tische nassgespritzt wird!»

«Ich weiß nicht, ob die Szene in Paris die gleiche wäre, oder in einer anderen Großstadt, wo die Leute es immer eilig haben. Vielleicht ist das ein typisch provenzalisches Phänomen: Die Leute amüsieren sich lieber, anstatt dauernd rumzumosern.»

Als sie beim Dessert angelangt sind, regnet es noch immer, aber weniger heftig. Blitz und Donner haben aufgehört. Beide entscheiden sich für eine *Tarte au citron*.

«So, die Herrschaften! *Tarte au citron meringuée*», verkündet der Kellner. «Kaffee?»

«Gerne», antworten beide wie aus einem Mund.

«Aber sag mal», ergreift Katia das Wort, als der Kellner außer Hörweite ist, «er hat von Zitronentarte *meringuée* gesprochen. Findest du das nicht komisch?»

«Warum? Magst du das nicht?»

«Nein, entschuldige, ich habe mich nicht klar ausgedrückt. Es schmeckt wunderbar, aber bei uns in Deutschland würde man von *Baiser* sprechen.»

«Wie bitte? Hat dich das Gewitter etwas verwirrt? Ich verstehe deinen Einwand nicht.»

«Dann erklär ich's dir: Im Gegensatz zu den Franzosen lieben die Deutschen die Fremdwörter, und wenn es um Küche geht, vor allem die französischen. Natürlich kennen wir das Wort *Meringe*, aber wenn es

lorsqu'il s'agit de gâteaux, nous préférons parler de « baiser ». Au singulier d'ailleurs … même pour les plus gourmands !

Cette fois, Pierre éclate de rire.

– Je crois que je préfère les baisers tout court, les baisers au pluriel, lance-t-il. Et pas les baisers meringués !

– Eh bien je ne t'embrasserai pas, parce que j'ai les lèvres qui collent !

À ces mots le patron du café arrive, hilare, avec deux bouteilles sous le bras. Il fait le tour des tables et propose à tous les clients qui n'ont pas pris la fuite soit un verre de marc de Châteauneuf, soit une liqueur aux herbes du Mont Ventoux …

– Cadeau de la maison ! Pour me faire pardonner le mauvais temps, dit-il.

Et toute l'assistance rit de plus belle !

Les marchés de Provence

Avant d'aller se coucher, Katia envoie un mail enthousiaste à sa mère pour lui faire part d'une découverte.

Coucou Maman,

Nous voilà arrivés en Provence. J'ai comme l'impression que je n'aurai plus jamais envie de partir ! Et devine ce qu'il y a de plus fantastique dans cette région ? (Ailleurs en France peut-être aussi, je n'en

sich um Törtchen handelt, reden wir lieber von *Baiser*. Im Singular übrigens … selbst für die Naschsüchtigsten ! »

Diesmal bricht Pierre in schallendes Gelächter aus.

« Also, ich glaube, mir sind die echten Küsse lieber, Küsse im Plural. Und nicht die Meringenküsse ! », ruft er.

« Aber ich werde dich jetzt nicht küssen, weil mein Mund ganz klebrig ist. »

In diesem Augenblick taucht der Wirt ganz vergnügt mit zwei Flaschen unterm Arm auf. Er geht nacheinander an alle Tische und bietet seinen Gästen, die nicht das Weite gesucht haben, ein Glas Marc de Chateauneuf, den Tresterschnaps aus Chateauneuf-du-Pape, oder ein Glas Likör mit Kräutern des Mont Ventoux an …

« Ein Geschenk des Hauses ! Damit Sie mir das Unwetter verzeihen », verkündet er.

Und alle Anwesenden lachen umso herzhafter.

Die provenzalischen Märkte

Ehe sie sich schlafen legt, schickt Katia ihrer Mutter ein begeistertes Mail, um ihr von einer Entdeckung zu berichten.

Hallo Mama,

wir sind jetzt in der Provence gelandet. Ich habe irgendwie das Gefühl, dass ich da nie wieder weg will. Und rate mal, was in dieser Gegend am tollsten ist (anderswo in Frankreich gibt es das vielleicht auch,

sais rien ...) Ce sont les marchés. Dans toutes les villes et même dans les villages, il se tient une fois par semaine un marché et tu as donc toujours la possibilité d'acheter les produits locaux ou régionaux. Et quels produits ! Je ne parle même pas des fruits et des légumes tout frais, récoltés le jour même, mais aussi du miel, des confitures, des fruits confits, du pain, des gâteaux. De l'huile d'olive aussi, des savons parfumés à la lavande ou au romarin, des dizaines de variétés d'olives. C'est fabuleux ! J'ai même vu un stand avec des truffes d'été. Lorsque le jeune homme très gentil qui tenait le stand a senti à quel point j'étais curieuse, il m'a fait un exposé détaillé sur la récolte des truffes, sur les différences entre la truffe d'été, la truffe d'automne qu'on appelle brumale, et la truffe d'hiver, la noire, la meilleure. Mais je crains que je ne pourrai pas m'offrir de tels délices bien souvent – les Provençaux parlent parfois même de « diamants noirs » !

Je crois qu'en Allemagne nous avons des choses à rattraper de ce point de vue là. À Munich nous avons bien quelques petits marchés paysans où nous pouvons nous fournir en produits locaux. Mais en France c'est une longue tradition me semble-t-il. Malheureusement je ne pourrai pas acheter tout ce qui me fait envie, puisque je suis venue en train et que ma valise est de plus en plus lourde !

Figure-toi que j'ai goûté du foie gras et je t'assure que c'est un délice, surtout quand il est truffé. Je suppose qu'en lisant mon message tu vas pousser un grand soupir : oh ! ces pauvres oies ! C'est ce que j'ai fait aussi. Mais le commentaire de Pierre était assez ironique.

ich weiß es nicht …)? Das sind die Märkte. In allen Städten und sogar in den Dörfern gibt es Wochenmärkte, man hat also immer die Möglichkeit, die lokalen oder regionalen Produkte zu kaufen. Und was für Produkte! Ich rede noch nicht einmal von dem frischen Obst und Gemüse, das am Morgen gepflückt oder geerntet wurde. Es gibt auch Honig, Marmeladen, kandierte Früchte, Brot, Kuchen. Oder Olivenöl, Seifen mit Lavendel- oder Rosmarinduft, Dutzende von Olivensorten. Es ist unglaublich. Sogar einen Stand mit Sommertrüffeln habe ich gesehen. Als der freundliche junge Mann gemerkt hat, dass ich sehr neugierig bin, hat er mir einen langen Vortrag über alle Einzelheiten der Trüffelernte gehalten, über die Unterschiede zwischen Sommer-, Herbst- und Wintertrüffeln – die besten sind die schwarzen Wintertrüffeln. Ich fürchte nur, dass ich mir solche Köstlichkeiten – «schwarze Diamanten» sagen die Provenzalen manchmal – nicht oft werde leisten können!

Ich glaube, dass wir in Deutschland einiges nachzuholen haben. In München haben wir ja auch einige kleine Bauernmärkte, wo wir uns mit regionalen Produkten eindecken können, in Frankreich dagegen hat das lange Tradition, scheint mir. Leider werde ich nicht alles kaufen können, worauf ich Lust habe, da ich ja mit dem Zug gekommen bin und mein Koffer jetzt schon viel zu schwer ist.

Und stell dir vor, ich habe Gänseleberpastete probiert, und ich sage dir: köstlich. Ich nehme an, du wirst seufzen, wenn du das liest: Ach, diese armen Gänse! Das hab ich natürlich auch getan. Aber Pierres Kommentar war ziemlich sarkastisch. «Ihr Deutsche würdet

Il m'a dit : « Vous, les Allemands, vous aimeriez carrément interdire le gavage, mais vous n'avez rien contre le fait de manger à tout bout de champ du poulet rôti, alors que tout le monde sait que ces poulets sont élévés par milliers dans des conditions déplorables. Je parie que la vie d'une oie gavée en France est bien moins désagréable que celle d'un pauvre poulet allemand ».

Quoiqu'il en soit, je te rapporterai une terrine de foie gras en guise de souvenir. Et je prends la ferme résolution de ne plus manger de poulet rôti !

À bientôt maman. Je t'embrasse,

Katia

Madame ou mademoiselle ?

Malheureusement le séjour de Pierre et Katia tire à sa fin.

– Quelle chance d'avoir pu découvrir ces merveilleux villages du Luberon avec toi, Pierre ! La plupart des touristes ne sait sûrement rien ou pas grand chose sur l'histoire de la région. Mais ce que tu m'as raconté à propos des Vaudois a éveillé ma curiosité.

– Tu as bien vu que cette vague d'immigration à la fin du XVe et au début du XVIe siècle a laissé des traces un peu partout dans le Luberon. Les problèmes liés aux immigrés ont toujours existé, les gens l'oublient souvent de nos jours ! La preuve : des milliers de Vaudois ont été massacrés à l'époque.

– Quand je serai de retour à Munich, j'irai pas-

das Mästen am liebsten verbieten, aber ihr habt nichts dagegen, alle naslang Brathähnchen zu verzehren, wo doch jeder weiß, dass sie zu Tausenden unter entsetzlichen Bedingungen gehalten werden. Ich wette, dass das Leben einer Stopfgans in Frankreich viel weniger unangenehm ist als das eines armen deutschen Hähnchens », hat er gesagt.

Wie dem auch sei, mein Mitbringsel für dich wird ein Glas Gänseleberpastete sein. Und ich nehme mir ganz fest vor, kein Brathähnchen mehr zu essen !

Bis bald, Mama. Küsschen,

Katia

Madame oder Mademoiselle?

Leider ist ihre gemeinsame Zeit nun fast vorbei.

« Was für ein Glück, dass ich diese wunderbaren Dörfer des Luberon mit dir zusammen entdecken durfte, Pierre ! Die meisten Touristen wissen sicher nichts oder nicht viel über die Geschichte dieser Gegend. Aber was du mir über die Waldenser erzählt hast, hat mich wirklich neugierig gemacht. »

« Du hast ja gesehen, dass diese Einwanderungswelle Ende des 15. und Anfang des 16. Jahrhunderts fast überall im Luberon Spuren hinterlassen hat. Die Probleme, die mit den Migranten zusammenhängen, hat es schon immer gegeben, das vergessen die Leute heutzutage. Der beste Beweis : Tausende von Waldensern wurden damals ermordet. »

« Wenn ich wieder in München bin, werde ich einen Tag

ser une journée à la bibliothèque nationale pour essayer d'approfondir un peu ce sujet.

– Tu ne vas tout de même pas te lancer dans une thèse d'histoire, ma pauvre Katia, tu n'auras pas le temps ! Je te conseille plutôt de lire des romans historiques consacrés aux Vaudois. Ce sera sûrement plus récréatif pour toi, ma petite demoiselle !

– Décidément, tu ne me prends pas au sérieux. Tant pis pour toi ! Mais ce que tu viens de dire me fait penser à autre chose. Tout à l'heure quand je me suis installée dans ce café et que tu n'étais pas encore là, le serveur m'a dit : « Bonjour mademoiselle ! Que puis-je pour vous ? » J'ai bien compris qu'il venait prendre la commande et je lui ai demandé un café. Et quand il est revenu tu étais là et il a dit : « Voilà votre café, madame ! ». Il croit qu'on est mariés ? Ce n'est pas la première fois que je remarque ça depuis que nous voyageons ensemble. Est-ce qu'il y a des règles particulières en français ?

– Pas vraiment. Mais il arrive qu'un homme s'adresse à une dame d'un certain âge en l'appelant « mademoiselle ». Il considère cela sans doute comme un compliment. Moi ça me paraît un peu lourd. Mais pour une femme jeune, c'est tout à fait normal qu'on l'appelle « mademoiselle », surtout si elle ne porte pas d'alliance. Chez vous en Allemagne c'est différent, je crois.

– Oui, le mot de « Fräulein » est complètement passé de mode, explique Katia. Rares sont les femmes non mariées qui tiennent à se faire appeler comme ça. Je crois que ce sont les féministes des

in der Stabi, unserer Staatsbibliothek, verbringen und versuchen, das Thema etwas zu vertiefen.»

«Du wirst dich doch nicht auch noch in eine Geschichtsdissertation stürzen, meine arme Katia, dazu hast du keine Zeit. Ich rate dir, lies lieber historische Romane über die Waldenser, das ist sicherlich unterhaltsamer für dich, mein Fräulein!»

«Du nimmst mich wirklich nicht ernst. Aber was soll's? Was du eben gesagt hast, erinnert mich an etwas ganz anderes: Als ich mich vorhin in diesem Café an einen Tisch gesetzt habe und du noch nicht da warst, kam der Kellner und sagte: ‹Bonjour Mademoiselle. Was kann ich für Sie tun?› Mir war natürlich klar, dass er meine Bestellung aufnehmen wollte und ich habe einen Kaffee verlangt. Als er dann wiederkam, warst du schon da, und da hat er gesagt: ‹Bitte sehr, Madame, hier ist Ihr Kaffee!› Glaubt er, dass wir verheiratet sind? Das ist nicht das erste Mal, dass mir das aufgefallen ist, seit wir zusammen unterwegs sind. Gibt es da im Französischen besondere Regeln?»

«Nicht wirklich. Aber es kann passieren, dass ein Mann sich an eine ältere Dame wendet und sie mit ‹Mademoiselle› anredet. Das versteht er vermutlich als Kompliment. Mir kommt das immer etwas plump vor. Aber bei einer jungen Frau ist es ganz normal, dass man sie mit «Mademoiselle» anspricht, wenn sie keinen Ehering trägt. Bei euch in Deutschland ist das etwas anders, glaube ich.»

«Ja, das Wort ‹Fräulein› ist völlig aus der Mode gekommen. Unverheiratete Frauen, die darauf bestehen, so angeredet zu werden, sind am Aussterben. Ich glaube, es waren die Feministinnen in den sechziger Jahren, die den

années 60 qui ont lancé l'idée qu'il serait discriminatoire de faire la différence. Du coup, de nos jours, c'est plutôt vexant pour une Allemande, même jeune, de se faire appeler mademoiselle.

– Voilà encore un sujet intéressant pour un sociologue, répond Pierre. Ou pour un historien d'ailleurs. Il paraît qu'en France il y a même eu une décision du Conseil d'État – à l'occasion je vérifierai la date, il me semble que c'était en 2012 – qui interdit l'utilisation du terme « mademoiselle » dans l'ensemble des documents officiels tout en précisant que cette interdiction ne s'appliquait pas à la sphère privée, ni aux formulaires déjà édités et cela jusqu'à épuisement des stocks ! C'est beau, l'administration, tu ne trouves pas ?

– Mais trêve de discussions ! La thématique hommes-femmes est d'un intérêt capital, c'est vrai, mais il ne nous reste pas beaucoup de temps !

Le lendemain, Katia et Pierre prennent la route vers le nord. C'est à Lyon que le voyage des deux anciens « correspondants » prendra fin. Bien sûr, Pierre s'y connaît parfaitement dans sa ville natale, et c'est là qu'ils prendront leur repas d'adieux dans un merveilleux restaurant de la vieille ville.

Lorsqu'ils lèvent le verre – un verre de champagne, cette fois – pour trinquer à leur prochain voyage à deux, ils tombent dans les bras l'un de l'autre.

– À la prochaine !

– À nos prochaines retrouvailles !

Non, cette fois ils n'attendront pas si longtemps pour se revoir.

Gedanken aufgebracht haben, dass es diskriminierend sei, einen Unterschied zu machen. Heutzutage ist es also eher eine Beleidigung für eine Frau, selbst für eine junge Frau, wenn man sie ‹Fräulein› nennt.»

«Schon wieder ein interessantes Thema für einen Soziologen», antwortet Pierre. «Oder auch für einen Historiker. In Frankreich ist es offiziell nicht anders. Angeblich hat es sogar einen Entschluss des Staatsrats gegeben – ich werde gelegentlich das Datum prüfen, ich meine, es war 2012 –, der es verbietet, in sämtlichen offiziellen Papieren das Wort ‹Mademoiselle› zu verwenden, wobei darauf hingewiesen wird, dass sich dieses Verbot nicht auf die Privatsphäre bezieht und auch nicht auf den Vorrat an bereits gedruckten Formularen! Toll, die Verwaltung, findest du nicht?»

«Aber Schluss jetzt mit diesen Diskussionen. Die Gender-Thematik ist sicherlich weltbewegend, aber wir haben nicht mehr viel Zeit!»

Am folgenden Morgen fahren Katia und Pierre Richtung Norden. In Lyon wird die Reise der beiden ehemaligen «Brieffreunde» zu Ende gehen. Selbstverständlich kennt sich Pierre in seiner Heimatstadt bestens aus und dort werden sie auch in einem wunderbaren Restaurant in der Altstadt ihr Abschiedsessen genießen.

Als sie das Glas heben – diesmal ist es wirklich Champagner! –, um auf ihre nächste gemeinsame Reise anzustoßen fallen sie sich in die Arme.

«Auf ein nächstes Mal!»

«Auf unsere nächste Begegnung!»

Nein, so lange werden sie diesmal nicht warten um sich wiederzusehen.

De retour à Munich

Mon cher Pierre,

Tu as sans doute reçu mon SMS où je te disais que le retour se passait bien. (J'avais même pensé à composter mon billet avant de monter sur le quai !) Non, je ne fais pas partie de ces gens qui s'ennuient quand ils voyagent en train et qui passent leur temps à jouer avec leur téléphone portable ou à écrire des SMS, mais j'avais besoin de te parler : j'étais triste de ne plus te sentir près de moi …

Me voilà donc arrivée à Munich. Je sais que si tu étais à mes côtés tu dirais : « Tu dois être épuisée, ma pauvre ! ». Eh bien non, je ne suis pas épuisée, je suis tout simplement heureuse. Jamais depuis que je suis adulte je n'ai pris autant de plaisir à découvrir des horizons nouveaux. C'est à toi que je le dois, ce bonheur. Je ne sais comment te remercier. Tu as été un compagnon merveilleux tout au long de notre périple : patient, généreux, indulgent. J'ai eu le sentiment de découvrir (un peu tard peut-être) ce qu'on appelle une amitié sans faille. J'espère très fort que tu ne regrettes pas d'avoir partagé tout ce temps avec moi, parce que j'ai très, très envie de repartir en voyage avec toi, en Allemagne, en France ou ailleurs.

Je t'embrasse très, très fort – et encore : merci !

Ton amie Katia

Zurück in München

Mein lieber Pierre,

Du hast sicher mein SMS bekommen, in dem ich dir mitteilte, dass die Rückreise gut verläuft. (Ich hatte sogar daran gedacht, meine Fahrkarte zu entwerten, bevor ich zum Bahnsteig rauf bin.) Nein, ich gehöre nicht zu den Leuten, die sich auf Zugfahrten langweilen und ihre Zeit damit verbringen, mit ihren Handys zu spielen oder SMS zu schreiben, aber ich hatte das Bedürfnis, mit dir zu reden: Ich war traurig, dich nicht mehr in meiner Nähe zu haben …

Nun bin ich also in München angekommen. Ich weiß, wenn du bei mir wärst, würdest du sagen: « Du bist sicher erschöpft, meine Arme ! » Aber nein, ich bin nicht erschöpft, ich bin ganz einfach glücklich. Seit ich erwachsen bin, habe ich noch nie so viel Freude daran gehabt, Neues zu entdecken. Und dieses Glück schulde ich dir. Ich weiß nicht, wie ich dir danken soll. Du warst ein wunderbarer Weggenosse, die ganzen Reise über: geduldig, großzügig, nachsichtig. Ich hatte das Gefühl, das zu entdecken (etwas spät vielleicht), was man eine unverbrüchliche Freundschaft nennt. Und ich hoffe sehr, dass es dir nicht leidtut, so viel Zeit mit mir verbracht zu haben, weil ich nämlich große Lust habe, diese Erfahrung zu wiederholen, wieder mit dir loszuziehen, durch Deutschland, Frankreich oder sonst wo.

Ich umarme dich ganz, ganz fest – und noch einmal: Danke !

Deine Freundin Katia